CAUSA OCULTA
DAS VIOLÊNCIAS HUMANAS

Márcio Serrano

CAUSA OCULTA

DAS VIOLÊNCIAS HUMANAS

POMAR DE IDEIAS
editora

Revisão: Responsabilidade do autor
Foto autor: Breno Pataro
Foto capa: rawpixel.com
Capa e Projeto gráfico: Pedro Paulo Silva

Dados Internacionais de Catalogação na Publicação (CIP)
(Câmara Brasileira do Livro, SP, Brasil)

Serrano, Márcio
Causa oculta das violências humanas / Márcio Serrano. - - Belo Horizonte : Pomar de Ideias Editora, 2019.

ISBN 978-85-68062-15-9

1. Atitude (Psicologia) 2. Comportamento humano 3. Conhecimento (Teoria) 4. Emoções 5. Sentimentos I. Título

19-30362 CDD-152.4

Índices para catálogo sistemático:

1. Sentimentos humanos : Psicologia aplicada 152.4

Iolanda Rodrigues Biode - Bibliotecária - CRB-8/10014

2019 • 1ª Edição • Impresso no Brasil

Contatos com o autor ms.antropo@gmail.com

POMAR DE IDEIAS
editora

Pomar de Ideias Design e Editora LTDA - ME
Rua Dom Braz Baltazar, 52 • Cachoeirinha
31150-100 • Belo Horizonte • MG • Brasil
contato@pomardeideiaseditora.com.br
/pomardeideiaseditora pomardeideiaseditora.com.br

"Pensamos em demasia.
Sentimos pouco.
Agimos menos ainda.
Precisamos mais de humanidades que de máquinas.
Mais de bondade e ternura que de informação e inteligência.
Caso contrário, a vida será de violência
e tudo se perderá no reino do ser humano".

Charles Chaplin

Dedico este livro a todo cidadão brasileiro que padece de transtorno mental e que não possui acesso a um serviço público de qualidade para o seu cuidado e seu tratamento.

Sumário

É certo que existe saber,
falta de saber e
falha de saber sobre o sujeito humano.

E seguindo a fonte sinótica comum a Mateus 10:26
e Lucas 8:17

"Não há nada oculto,
que não venha a ser revelado,
e nada escondido
que não venha a ser conhecido
e trazido à luz".[1]

Este livro é para dar a saber algo do secreto
dos seres humanos.

1 Bíblia Arqueológica de estudo NVI. Página 1865. O Problema Sinótico e "Q" Quelle. Editora Vida. 2013.

Introdução

Introdução

Foi no ano de 1901, que ficamos sabendo com o psiquiatra e psicanalista austríaco, Sigmund Freud, que o consciente humano não passava de um semblante, uma espécie de funcionamento mental, que por gozar da propriedade da consciência de si, poderia manipular a realidade de tudo e de todos para atender aos seus interesses, sejam quais eles fossem.

Assim, o "projeto humano" já teria nascido, em seu estado primevo, dotado de um interesse próprio para operar no sentido de seu proveito individual, instalando-se um "conflito original" na humanidade.

Não é, pois, sem razão que todos agem olhando para o seu próprio "umbigo". E tudo indica que assim continuará sendo para sempre.

A educação da razão pensada em Espinoza poderia ser um recurso para minimizar essa "falha do projeto humano". Foi nesse jogo, por exemplo, que o legado de Jesus foi golpeado pelo interesse econômico de seus distinguidos "seguidores", mais apropriadamente chamados de "traidores", que fizeram de seu "pensamento" um negocinho "cristão" de "cifrão".

E assim caminha a humanidade... cada um tapeando o outro como pode, como requer sua consciência.

A coisa só não é ou ficou pior porque, em resposta, desenvolveu-se também no projeto humano uma instância da mente para ocultar e repreender a podridão humana, ou seja, tudo aquilo que moralmente não poderia ser tão facilmente aceitável para vir à tona, tornar-se um céu aberto na vida das pessoas.

Algo dessa ordem, poderia inviabilizar com um só golpe apocalíptico toda a humanidade.

Foi assim que um mecanismo surgido na estrutura e no funcionamento mental se selecionou por suas vantagens adaptativas de não se inviabilizar a vida humana na face da terra. Tratamos aqui do Inconsciente humano, um outro modo de funcionamento descoberto também pelo psiquiatra e psicanalista, Sigmund Freud. Um mecanismo que funciona para barrar, recalcar os elementos que compõem os pensamentos e atos inviáveis à construção e manutenção de uma ordem civilizatória humana, sobretudo no ocidente, pois no oriente este imbróglio foi pacificado por outras vias.

Infelizmente, contudo, o inconsciente é impotente para barrar de forma absoluta todos os elementos dos pensamentos e atos incompatíveis com a ordem civilizatória humana.

A matrix contém lá suas falhas e faltas. Assim, elementos do pensamento e dos atos recalcados do inconsciente costumam atravessar com muita frequência todas as demais instâncias da mente humana e produzir seus efeitos devassadores. Efeitos que se traduzem nas mais diversas formas de violências colocando em risco a "ordem viabilizadora de um processo civilizatório sadio".

Isto nos faz pensar que a doença de base pode ser a da própria civilização humana.

Seria, então, a civilização humana irremediavelmente doentia, interesseira, desamada, tapeadora? Um puro semblante?

Deixemos esta questão suspensa, por um momento...

Sabemos também que a maioria dos atos humanos que se irrompe do inconsciente não passa pelo consciente, antes de exercerem seus efeitos e sentidos.

Quando dormimos, a vigília da consciência se reduz, embora ele continue funcionando junto com o pré-consciente e inconsciente, este último é o único a que não temos, nem teremos, acesso algum, em época alguma.

O consciente é a instância que gera o saber que tem a consciência de si, que é capaz de pôr em prática o funcionamento operacional da vida segundo seus interesses, conforme os contextos da realidade.

O consciente é a instância da racionalidade, da objetividade do saber técnico, científico. Do saber interessado, utilitário.

Um saber capaz de criar, inventar, acertar, errar, julgar e produzir dentro de um certo acordo e planejamento.

Não há comunicação ou diálogo entre os saberes das instâncias do consciente com os da instância do inconsciente. O saber do consciente é o saber sabido. O saber do inconsciente é o saber que não sabe que sabe. Ele é inacessível e oculto.

O saber do pré-consciente é um saber meio programático ao modo de um instinto.

Ele sustenta uma inteligência ampla, complexa, que opera ao modo de um piloto automático.

O pré-consciente responde pelas funções automáticas das quais temos acesso parcial, graças à mediação do consciente.

Há alguma troca de saber entre as instâncias do consciente e do pré-consciente.

Já, em relação à instância do inconsciente, o pré-consciente não possui acesso.

Os psicofármacos e as substâncias psicoativas possuem ação na estrutura e no funcionamento das instâncias do psiquismo humano.

Isso pode ter consequências diversas para as pessoas que os utilizam para os mais diversos objetivos (médico, recreação, vício).

A instância do Inconsciente humano possui cerca de 90% dos saberes humanos, sendo, contudo, completamente inacessíveis de uma forma direta. Os saberes do inconscientes estão ocultos e os acessos diretos aos mesmos sempre estão bloqueados.

Apesar de os acessos aos saberes do inconsciente estarem bloqueados, os psiquiatrias e psicanalistas, dentre outros distinguidos especialistas, podem lançar mão de técnicas adequadas para conseguir acessar indiretamente os saberes essenciais contidos no mesmo.

Para qual finalidade esse acesso indireto se justificaria?

Para o uso em suas práticas clínicas, tanto em termos de diagnóstico, quanto na busca da direção de cura para muitos transtornos mentais.

Estamos nos referindo especificamente à prática da experiência analítica com a transferência de saberes do inconsciente dos pacientes para o psiquiatra e psicanalista, no seio de uma sessão clínica.

O que se apreende e se resolve por esta via e por essa prática da experiência analítica com a transferência não se apreende nem se resolve por nenhuma outra via conhecida, até o presente momento.

Esta prática foi inventada pelo psiquiatra austríaco, Dr. Sigmund Freud, em 1901, tendo sido aprimorada pelo psiquiatra francês, Jacques Lacan, nas décadas de 1960 a 1980.

Os psiquiatras que possuem a formação médica em psiquiatria podem possuir também a formação psicanalítica, o que fazem deles psiquiatras da linha psicodinâmica.

Eles podem atuar de uma forma não menos assertiva na direção da cura dos transtornos mentais de seus pacientes, combinando a experiência analítica transferencial com a prescrição de psicofármacos e a utilização de métodos de diagnósticos complementares das ciências médicas (imagem, laboratório, procedimentos cirúrgicos, pesquisas de registros gráficos a partir de fontes de estimulação energéticas, estudos genéticos, etc).

Estas consultas podem durar até duas horas cada uma. Resultados semelhantes podem ser alcançados quando o psiquiatra trabalha de forma integrada com o psicanalista ou com o psicólogo.

A escolha dos métodos e dos recursos é sempre do paciente.

Há mais chances de sucesso clínico quando o tratamento é conduzido de modo integrado.

Defendemos uma prática integral e integrada no campo das ciências psíquicas.

Quem me conhece sabe o quanto eu me dedico à esta linha de trabalho transdisciplinar no campo das ciências psíquicas.

E são muitos aqueles que se dedicam aos quadrados de suas paróquias clínicas, que costumam ser territórios terapêuticos fechados.

A psiquiatria de base psicanalítica é uma expressão que adotei como clínico, psiquiatra e psicanalista, para tratar de reafirmar que o discurso entre a psiquiatria e a psicanálise é possível, tanto quando é praticado por um profissional médico especializado em psiquiatria e psicanálise, fazendo, pois, o uso da experiência analítica com a transferência combinada com o uso dos psicofármacos mais o uso dos recursos médicos de diagnósticos.

Da mesma forma, o diálogo da psiquiatria com a psicanálise continua sendo possível e necessário, quando o tratamento é conduzido de forma integrada com um especialista em psiquiatria mais uma especialista em psicanálise ou em outra linha de psicologia, quer seja os mesmos majoritariamente da escola Freudiana, Lacaniana, Junguiana, Winnicotiana, Bioniana, Kleiniana etc.

Só não creio ser produtivo ao paciente, ao profissional da saúde mental, seja psiquiatra ou psicólogo, dar conta de forma isolada da abordagem e do tratamento do sofrimento mental.

Ao contrário do que muitos possam pensar, a integração dos saberes e das vivências é enriquecedora para a chamada direção de cura.

Acredito que o campo "Psi" não é um universo, é bem mais que isso. É um pluriverso complexo.

À propósito disto, pessoalmente, eu costumo utilizar a expressão "psiquiatria de base psicanalítica" para designar aquilo que constitui a minha prática pessoal, inspirada que é, na "psiquiatria psicodinâmica aplicada na prática clínica".

Os princípios da psiquiatria psicodinâmica não são menos distinguidos que os outros, e eles podem ser encontrados, por exemplo, nas obras de "psiquiatria psicodinâmica na prática clínica", produzidas pelo médico, psiquiatra, psicanalista, Dr. Glen O. Gabbard, mestre, doutor, professor da Baylor College of Medicine, em Houston, Texas. Glen Gabbard também exerce o ensino e a clínica no "Gabbard Center", em Bellaire, Texas.

Assim, espero que não se estranhem a expressão "psiquiatria de base psicanalítica", embora, possa haver até uma outra expressão melhor para designar esta prática clínica, porém é a que adotei aqui.

Sofrimento humano

Sofrimento humano

Sempre que uma pessoa humana sofre, outras pessoas de alguma forma participam da gênese e da evolução desse sofrimento.

Tenha essa participação ocorrido de forma consciente ou de forma inconsciente, que é o caso mais frequente. A participação na gênese do sofrimento do outro pode ser dar a partir de contribuições traumáticas ao longo de várias gerações de uma dada constelação familiar. O sofrimento em questão, embora deslize ao longo da sucessão das gerações de uma dada constelação familiar, ele estará sempre presentificado, em um dado momento, na própria voz de quem sofre. Por meio da cultura, perpetuamos o modo de transmitir os determinantes dos conflitos, agressões, crises, violências e traumas. É menos comum que a transmissão dos determinantes dos transtornos e sofrimentos seja feita pela via hereditária, sobretudo quando se trata de transtornos neuróticos. Danos em lócus gênico e cromossômicos não podem ser descartados em alguns casos. E na verdade, um tipo de causação não exclui necessariamente a possibilidade de coexistência de outro tipo. As comorbidades são uma realidade a serem consideradas sim.

E tudo indica que a história natural do adoecimento mental sempre foi assim e que assim continuará sendo desde sempre.

O ser humano ao longo dos tempos quase nunca foi cuidado como se ele fosse humano mesmo, isto é, sem violência.

A verdade é que infelizmente poucos iluminados sabem o que de fato é um ser humano, no entanto o que está escondido um dia deixará de estar oculto. Ganhará a luz do dia. Será revelado e esclarecido.

Pergunto a você, será que sabemos o que cada um de nós sabe o que de fato é em termos de ser humano?

A resposta é não.

Mas, por que a resposta é não, se muitos dos saberes necessários para que a resposta fosse sim, já são conhecidas e estão disponíveis, no mínimo, a mais de cento e vinte anos?

A questão é que existem saberes, falta de saberes e falhas de saberes e nem essa questão em si parece interessar ao próprio ser humano, fora o fato de que o acesso a elas é ainda muito restrito. Muito limitado.

Digo-lhe que não foi sem razão que decidi escrever este livro, ele que é voltado ao homem comum, ao alfabetizado funcional.

O que é necessário saber está em parte aqui mesmo neste livro, que não foi escrito para nenhum dos notáveis, pois eles já sabem destas coisas “de forma corrida e salteada”.

Este livro foi escrito, numa linguagem acessível a todo alfabetizado funcional em nível de segundo grau.

Apresento-lhe um livro onde a regra comporta exceção. Use e abuse de suas explicações. Inicie com ele essa caminhada de revelar o que para você ainda estava obscuro e oculto.

Regra que comporta exceção é aqui mesmo que se encontra. A que não comporta exceção é o que acontece com as ciências, já que ela sempre teve que expurgar tudo aquilo que não cabia em seu construto.

E teve que fazê-lo para continuar se constituindo como tal, pois é "questão de honra para a ciência não falhar".

Ora, como "tudo falha" e ela "não pode falhar", então ela expurga, suprime o resto que falhou.

E é justamente o "resto da ciência que falhou, aquilo que mais nos interessa nas ciências psíquicas", pois é aqui que aprendemos sobre o ser humano: um ser de falha, um ser de falta, um ser incompleto, fruto de um projeto incompleto da natureza!

Por ser "dura" consigo mesmo, por não poder "não falhar" é que a ciência está tendo problema. E o principal problema é aquele que já conhecemos bem: "a ciência está esbarrando com seus limites", tendo muita dificuldade de explicar e resolver os problemas.

Experimente tratar um transtorno mental com o uso das ciências exatas. Veja o que acontece...

Seus exames são normais e você não tem nada! É tudo "psicológico".

Só que esse "tudo psicológico" continua sofrendo...

Não compreendo bem o que vem a ser a expressão: não ter nada!

Nada seria aquilo que importa do ser humano para as ciências exatas?

Foi isso que o Mia Couto disse em seu Seminário "Repensando o Pensamento" [2]:

2 Mia Couto. Laureado poeta de Moçambique.

"As ciências exatas nada sabem dos seres humanos".

Foi isso que disse o economista, Richard Thaler, em 2017, quando recebeu o Prêmio Nobel de Ciências Econômicas[3]:

"Colegas, o modelo de ser humano que a ciência exata utiliza não funciona!".

A causa do sofrimento mental existe, porém, ela ainda é desconhecida, quando não é oculta.

Porém, não há nada oculto que não possa vir a ser revelado. Nada desconhecido que não possa vir a ser conhecido.

Isso é precisamente o que quero lhe mostrar e demonstrar neste livro singelo que soa como um insulto à razão.

Aonde estamos falhando?

Os seres humanos não sabem o que são, não sabem o que fazem, não sabem o que querem.

A quem possa interessar o não saber?

Quem não sabe, pode virar massa de manobra do outro. E sofrer.

Jesus, que somente quarenta anos depois foi transformado por seguidores em um negocinho cristão, afirmou ainda na cruz: eles não sabem o que fazem!

Depois que foi enterrado e decomposto teve sua obra capitalizada pela igreja e virou um negócio rentável.

Inspirado em Jesus, que foi maior e melhor que todos nós, um bom jovem humano disse em sua canção:

Imagine todas as pessoas...
Vivendo a vida em paz,
Você pode dizer
Que sou um sonhador.

---

3 Richard Thaler – economista e professor da Universidade de Chicago, laureado com o Prêmio Nobel de Ciências Econômicas, em 2017.

Mas, não sou o único.
Tenho a esperança de que um dia
Você se juntará a nós.
Imagine a irmandade do homem,
Imagine todas as pessoas,
Compartilhando todo o mundo.
Tenho a esperança de que um dia
Você se juntará a nós.
E o mundo viverá como um só[4].

Infelizmente, as coisas ainda não são como você imaginou, meu caro, John.

Há muita violência e sofrimento, mas temos que continuar inspirando em Jesus, que alguns seguidores seus deturparam suas ideias e ideais.

Cada um tem que fazer sua parte dentro do legado que Jesus nos deixou: "Amai uns aos outros como eu vos amei".

Minha parte, como médico psiquiatra e psicanalista é tratar o próximo com fraternidade e humanidade.

Faço isso dentro de um conceito de uma clínica integrada, mesmo contando com recursos insuficientes.

Porém, se o médico quiser de fato resgatar o prestígio e o respeito que possuía no passado, ele terá que participar desta construção fraterna.

Dr. Raul Gorayeb da Unifesp, colega por quem tenho apreço, que, não sendo senão o maior cientista e expert brasileiro em Autismo, afirma nunca ter encontrado nas dezenas de milhares de crianças autistas que tratou em sua vida, nem um parafuso a mais ou a menos, que pudesse isoladamente justificar os sinais e sintomas.

4 Trecho da letra da música "Imagine" de John Lennon e Yoko Ono, 1971.

Como geneticista que sou, sei que podemos encontrar no genoma de algumas crianças cromossomos quebrados, o que, em tese, poderia colocá-las no espectro do autismo, mas não encontramos estes achados em todos os autistas.

Crianças autistas não têm necessariamente que ter cromossomos com genes a menos, com genes a mais ou com genes alterados. Tem muitas outras coisas também em questão.

O buraco do autismo não é mais embaixo. O buraco do autismo se encontra em outro lugar.

A formação da estrutura e funcionamento do sujeito não tem que ser procurada, nem explicada somente pela biologia.

Há outras causas importantes em questão. Temos que considerar a humanidade do homem em nossas práticas clínicas. Temos que valorizar mais as histórias de vida nas histórias de adoecimentos mentais.

Como afirma o psiquiatra e psicanalista americano, Glen Gabbard, em Roma "...temos que nos ocupar mais da pessoas com um diagnóstico psiquiátrico que com o diagnóstico psiquiátrico da pessoa".[5]

Para elucidar e tratar o autismo temos muito que aprender com Gorayeb, Saussure, Lacan, Kojev, Kurt Göedel, sem ter que desprezar as pesquisas de Watson, Crick, Beadle, Tatum e outros.

O sofrimento mental, em si, tem causa oculta e é involuntário. Não pede passagem ou autorização para se instalar e nem é desprovido de sentido ou determinação.

Seus componentes são agressores que se apresentam pela porta da frente, vindo do outro, vindo do outro do outro, vindo do outro do outro do outro, configurando-se numa dinâmica de saberes,

5 Dr. Glen O. Gabbard, médico, psiquiatra, psicanalista, professor da Baylor College of Medicine, em Houston, Texas. Autor do livro Psiquiatria Psicodinâmica. Quinta Edição. Artmed Editora, 1913.

falta de saberes e não saberes que, em cadeia, propagam como vícios ao longo das gerações de uma dada constelação familiar. São determinantes que desorganizam a malha psíquica do sujeito agredido, que experimenta mudanças estruturais e funcionais que, de alguma forma afetam a si e a todos os membros das gerações subsequentes. As agressões são transmitidas como memórias de vícios de saber, não saber e falha de saber. Um processo que não costuma ser compreensível pela razão comum.

Surgem assim os sujeitos marcados para sofrer, afetados, tanto em termos de organização do próprio circuito pulsional quanto em termos da percepção de si, do outro e da capacidade de lidar com a realidade.

A consequência da desorganização da malha psíquica manifesta-se de maneira involuntária, inopinada, atravessada, intencional, determinada e dotada de um sentido estranho à razão.

É o que nos faz perguntar o que será que nos dá, que é tão estranho, e que não devia.

O que emerge em crises, vindo da porta do fundo, para nos pegar de surpresa e nos fazer naufragar, mudando, por completo, o nosso modo de lidar com as pessoas e com o mundo, afora esse aperto no peito, esse estranho medo, esse permanente mal estar, esse gosto amargo de fel e essa vontade de chorar. Que algo é esse de nós que não alivia e que nos impede de saber o que está em questão.

E a voz de quem sofre continua a ressoar: por favor, preciso de ajuda!

Abertura

Abertura

Caro leitor, ao adentrar o conteúdo propriamente dito deste livro, apresentei-lhe os capítulos Introdução e aquele que forneceu os conceitos científicos preliminares sobre os Sofrimento Humano.

E de pronto, já o faço, abrindo a seguinte pergunta:

Será que de fato é necessário a uma pessoa ter que sofrer tanto para simplesmente levar uma vida comum no seu dia a dia?

Se isso fosse verdade, este livro não teria o menor sentido e não possuiria serventia alguma.

Eu não apenas acredito que qualquer pessoa tenha que se transformar em vítima sacrificial do outro para levar a sua vida comum, bem como trabalho profissionalmente em minha clínica para reverter eventuais casos que, porventura, estejam evoluindo em direção a esse circuito infernal do sofrimento humano.

Confesso a todos, contudo, que não sou tolo o bastante para negar que existem pessoas que já estão acostumadas ao sofrimento e que, por isso, passam as suas vidas justificando-os no lugar de resolvê-los, por suposto, obtendo, é claro, algum prazer mórbido com isso.

São pessoas que, em geral, já estão reféns do circuito infernal da demanda que implica em mal estar, em culpa, impotência e resistência, ainda aliadas à falta de um saber sobre o caminho da direção da cura.

Cabe ao psiquiatra, conjuntamente com o paciente apontar a direção da cura, que sempre nasce na voz de quem sofre.

Esta pessoa, que poderia ser muito bem qualquer um de nós, como poderia a ela resistir, recusar em se colocar nesse altar das vítimas sacrificiais dos outros que a violentam e expropriam sua alma, para, em seguida, descartarem o seu corpo no pedaço de terra que lhe cabe neste latifúndio?

Então, de que forte brado retumbante poderia ela dispor para recusar a imolação de seu corpo e de sua alma, senão contando com a ajuda de um psiquiatra de sua confiança?

Não é sem razão, que segundo o IPEA, no Brasil, número por número, somente nestes dez últimos anos, cerca de 110 mil pessoas, de todos os gêneros, retiraram as suas próprias vidas, suicidando-se.[6]

Se a violência é de fato definida como sendo aquele tratamento desumano dado a uma pessoa qualquer, impedindo que ela possa existir de forma minimamente humana, então nós temos que repensar o tipo de tratamento e cuidado que os cidadãos brasileiros andam recebendo de todas as partes da sociedade.

6 PEA, DATASUS, DATAPREV, pesquisa econômica aplicada realizada em meses, entre 2017/2018.

Não temos nenhuma rede pública nacional eficaz de atenção, de cuidado e de suporte aos cidadãos brasileiros portadores de transtornos mentais.

Então, se não for nada disso o que pretendemos construir no Brasil, só nos resta, perder a condição humana de ser falante e calar para sempre, pois nem o pai eterno vai concordar ou poder abençoar esse circuito infernal da demanda mental assim, que é de onde a violência brota e as almas se perdem a cada dia que passa, na razão de 30 por dia, nestes últimos dez anos, aqui recontados somente aqueles motivados por suicídios.

Mortes motivadas por suicídios, homicídios, intoxicações, envenenamentos, tratamentos cruéis, acidentes de trânsito, acidentes urbanos, acidentes no trabalho etc. são mortes violentas de causas externas, não são mortes naturais.

Como não existem mortes humanas violentas de causas externas, em que nelas não esteja implicado o inconsciente humano, vamos adentrar este campo para saber como as coisas de fato ocorrem. As causas delas podem ser ocultas e secretas, mas não há nada oculto que não possa ser revelado à luz das ciências psiquiátricas ou das ciências da psicodinâmica.

Podemos contar com os mais diversos cavalheiros cientistas, pesquisadores do ocultismo humano, que não deixam de buscar fundamentos nas tragédias humanas, menos que nas fatalidades. Isso é bom, pois nas tragédias as mortes, embora ocultas são anunciadas, isto é, podemos nelas aplicar as ciências da prevenção.

Segundo Aristóteles, em a Teoria das Quatro Causas, não podemos aplicar a prevenção nas chamadas fatalidades.

As categorias de mortes citadas aqui (homicídios, suicídios, acidentes etc.) são todas elas frutos de tragédias humanas. Elas não constituem mortes por fatalidades, pois caso, fossem não haveria maneira de as prevenir.

Se você tivesse tomando uma cervejinha com os amigos e, de repente, um meteorito adentrasse a atmosfera terrestre para precisamente atingir e estraçalhar um grupo reunido a dois quilômetros de vocês, isto sim, seria uma morte violenta por fatalidade. Prevenção? Nenhuma chance...

Os mais originais e distintos cientistas das causas ocultas das tragédias humanas já se foram desta vida (Freud, Lacan, Klein, Bion, Jung, Camus, Foucault etc), mas, deixaram discípulos não menos distinguidos que eles (Roudinesco, Laurent, Nasio, Assensi, Forbes, Safatle, Dunker, Miller, Lebrum, Gabbard, Dejours, Brousse, Dör, Fink, Damásio, Gabas, Mesan, Coutinho, Gorayeb, etc). E a cada década que passa, eles se multiplicam e se renovam com o mesmo profissionalismo e a mesma qualidade técnica, em todas as partes do mundo.

Os números que se estampam em todos os sérios e dedicados veículos de comunicação nacional vêm demonstrando cabalmente a gravidade do problema: Se somos apenas 3,2% da população mundial, mas, respondemos globalmente por 12,3% das mortes violentas de causas externas, isso é uma coisa muito séria.

Não podemos contentar em atribuir a esses números, somente o valor simplório de um simples "dar a conhecer" a quem interessar possa. Essa é uma estatística que não pode ser apenas engavetada, porquanto a vida e a morte seguem se confrontando...

No conto "O Famigerado" do não menos genial e não menos médico psiquiatra que todos os outros, Guimarães Rosa, apresenta-nos mais um de seus inúmeros personagem maravilhosos, o jagunço, Damásio da Siqueira, que implora ao doutor lá do sertão por uma explicação ao modo mais verdadeiro que possa dar conta, que é a tal da "linguagem de pobre, em fala de meio de semana".

Na busca de uma explicação simples, verdadeira, como a mão no livro dos sábios, como é própria de se abundar lá nos sertões, "tudo explicado no pau da peroba", para o "arrazoamento" dos níveis de violência como esses que vivemos nos dias de hoje, em todas as nossas bandas, ninguém nos anos que se foram e que se vão, por mais famigerado que fosse, não nos deu nenhuma não![7]

Por isso que o doutor queria, nesta hora, para compreender bem todo este assunto, era ser bem famigerado, o mais famigerado que fosse possível.

Por isso, não escrevi este livro para os mais que sabidos, mas, para os que buscam esclarecer de fato todos os seus mal-estares pessoais, pois tudo que eles não querem é ficar com essa "dúvida para azedar mandioca".

Escrevi este livro para os "alfabetizados funcionais", pessoas sem muitas letras, mas que vivem na pele a falta de uma atenção pública aos que padecem de transtornos mentais.

Espero que apreciem este livro.

7 Guimarães Rosa, médico, poeta e escritor mineiro nascido na cidade de Cordisburgo – MG. Contos – O famigerado.

Prólogo

Prólogo

Sabemos que, quando um uma pessoa morre de causa externa violenta, seja por homicídios, acidentes ou suicídios, o inconsciente humano está sempre implicado nelas.

E quando o inconsciente está implicado, tudo tem sentido, tudo é involuntário, tudo é inopinado, tudo é determinado e tudo é intencional.

Oriundo do inconsciente, nada pode ser considerado como uma obra do acaso. Nada é fatalidade. Tudo é somente uma tragédia.

Só que a origem em questão está sempre oculta para o chamado "homem cartesiano", esse em que irremediavelmente nos transformamos. Por isso que, no princípio da leitura de alguns conceitos expressos neste livro, eles podem soar como algo estranho para muitas pessoas. É que nele não endossamos certos "Erros de Descartes".[8]

Porém, esses estranhamentos vão aos poucos ficando mais claros, pois tudo ainda é muito novo para quem ainda não sabe muito bem como funciona a estrutura do sujeito humano, já que somos estruturados e que funcionamos dentro de uma racionalidade muito diferente daquela com que René Descartes concebeu e, em seguida, propagou-se pelo Ocidente durante um longo período de 420 anos. No Oriente, a visão do que vem a ser humano é completamente outra. Nem por isso, ele deixa de mandar sonda à Lua, à Marte, e realizar pesquisas bem-sucedidas, que produzem inúmeras inovações tecnológicas disruptivas bem concebidas que o Oriente exporta para o Ocidente.

Por isso, de nada adianta a razão que alguns colegas procuram alegar para eu não dar trato à verdade que não venha da lógica cartesiana, pois, com todo respeito, eu optei por não me estacionar na cartilha deste gênio. Aliás, se ele estivesse vivo nos dias de hoje, certamente em função de sua enorme genialidade, ele já estaria em um outro patamar de conhecimento, saber e de espiritualidade. Eu só não compreendo por que, apesar de muitos de seus equívocos já terem sido reformulados pelos cientistas atuais, alguns distinguidos "homens de ciências" resistem e insistem em acompanhar, por inteiro, a teorização do grande mestre, formulada a quase meio milênio de anos antes do presente.

Talvez haja até mesmo algum motivo secreto para que eles não se descolem das concepções cartesianas. É certo que, em geral, o mestre nem sempre faz bem à vida inteira aos seus ilustres discí-

8 Livro: O Erro de Descartes. Autor: Antônio Damásio, cientista português erradicado em Los Angeles, Califórnia, onde dirige o laboratório da UCLA.

pulos. Ademais, há também discípulos nostálgicos para nos lembrar que a memória é uma estrutura muito difícil de ser retificada.

Ademais, foram muitos os anos em que no Ocidente vivemos quase que domesticados pelo cogito cartesiano. Sempre que isso ocorre, ou seja, quase sempre, eu reforço ainda mais a crença de que há certos saberes que para os quais, apreendê-los, é mesmo quase que necessário um nascer de novo. Nascer de novo aqui, quer dizer desaprender para reaprender novas concepções. Mas, isso pode muito bem, o Nicodemos nos dar o seu próprio testemunho.[9]

Desaprender para aprender de novo consiste numa operação desconstrutiva, disruptiva, que é contrária à máxima do mito popular de que não se deve abrir mão da velha e boa teoria a ter que se arriscar em uma outra que não nos dá tanto conforto assim."

A expressão "inconsciente humano" é um pleonasmo, pois somente o ser humano é que possui essa instância inconsciente.

Sei que parece estranho essa ideia de existir no ser humano uma instância oculta com os seus secretos poderes, mas, foi precisamente isso o que Freud descobriu, no ano de 1901.

Nos doze últimos meses entre os anos de 2017 e 2018, apurados cerca de 70.942 homicídios, 44.477 mortes no trânsito, 11.501 suicídios e 3.226 mortes no trabalho.

Ao todo, neste período, mais de 130.000 mortes violentas de causas externas verificaram-se em nosso País.[10] Não é senão por esta razão que os especialistas brasileiros insistem em afirmar que os órgãos de investigação das violências necessitam agregar mais recursos e mais inteligência ao processo, além dos outros tipos de inteligência de que já dispõem e utilizam. Mas, creio que eles estão dizendo de

9 João, capítulo 3, versículo 6
10 PEA, DATASUS, DATAPREV, 12 últimos meses entre 2017/2018.

um outro tipo de inteligência. Aquela inteligência que está em falta, ou melhor, aquela que é a própria falta, qual seja, a inteligência das experiências e das práticas que utilizam os especialistas em "ciências psíquicas" do funcionamento do inconsciente humano. Estou falando desta "inteligência", pois, hoje, elas não são nem consideradas na causação, nem cogitadas nos processos de investigação dos resultados das violências humanas.

Os números podem ser apurados, as justificativas podem ser fornecidas, tecnologias de prevenção podem ser propostas, porém, a causa oculta só pode ser procurada numa única instância de quem às tragédias sobreviveu: o inconsciente humano.

Como é que se procura o inconsciente humano de sorte que possamos encontrar os fundamentos dos saberes, não voluntariedade, intencionalidade, sentido, não acaso, determinação para que seja possível apontar as principais direções para o planejamento, logística, estratégia que nos auxiliem a colocar em prática, monitorar e medir, "uma nova e alta inteligência" de resultados comprovados, o que ainda não é utilizado de forma sistemática, em nosso país, até o momento.

Aqui, ao invés da psiquiatria de base psicanalítica, que é a ciência das causas humanas ocultas ser chamada para participar com novos saberes e técnicas no desafio da prevenção, mitigação e produção de saberes, eles sequer são conhecidos e reconhecidos, embora existam profissionais com elevada qualidade técnica em todos os Estados. Porém, eles sequer são reconhecidos ou requisitados pelos responsáveis pelas políticas nacional de prevenção das violências e das mortes violentas de causas externas. Sabemos bem das dificuldades próprias que os cientistas, projetistas, técnicos, gestores públicos e privados possuem em admitir ou fiar nos saberes da psiquiatria de base psicanalítica, quando todos estes não possuem uma sólida concepção do que pode e do que não pode a psiquiatria de base psicanalítica em extensão, também conhecida como psiquiatria de base psicanalítica aplicada, atuar no seu próprio objeto de trabalho que é o inconsciente humano.

Se considerarmos que já estejam demonstrados que os atos humanos involuntários, dotados de sentido, de intencionalidade e de determinação, não ocorrem por acaso e são todos engendrados na estrutura e no funcionamento do inconsciente, cuja ciência ou "ciência", a Psiquiatria de base psicanalítica, tem nele o seu principal e único objeto de trabalho, pesquisa e estudo, quer seja em clínica, em laboratório ou em instituições especializadas. Eu não compreendo por que nem ela nem eles não são chamados a intervir e contribuir.

Como afirma Kurt Göedel: "Se nenhuma teoria axiomática pode ser ao mesmo tempo completa e consistente, ela só pode provar sua consistência se, e somente se, for incompleta." [11]

O inconsciente humano nunca foi e nunca será um campo de saber que a ciência poderá demonstrar nele as suas verdades, pois o campo da psiquiatria de base psicanalítica não é o campo em que os conceitos das ciências cartesianas podem ser aplicáveis e demonstráveis.

Torna-se ainda menos compreensível, quando se constata que ela é somente lembrada nas vezes em que a ciência e a tecnologia esbarram com seus limites, ao insistir em colocar em prática suas verdades que nunca serão demonstráveis fora de seus campos específicos de aplicação.

---

11 Teorema de Kurt Göedel, 1°. Qualquer teoria axiomática recursivamente enumerável e capaz de expressar algumas verdades básicas de aritmética não pode ser, ao mesmo tempo, completa e consistente. 2°. "Uma teoria, recursivamente enumerável e capaz de expressar verdades básicas da aritmética e alguns enunciados da teoria da prova, pode provar sua própria consistência se, e somente se, for inconsistente."

Possuímos, sem dúvida, uma política de redução de mortes por acidentes e violências para todo o território nacional. "Os acidentes e as violências configuram-se um problema de saúde pública de grande magnitude e com forte impacto na mortalidade da população. A política nacional de redução das mortes por acidentes e violências deve ser revisada em sua quase totalidade com o uso de novas concepções e expertises. Creio que, neste momento, a política atual devesse se beneficiar de uma atualização.

Os acidentes e as violências resultam de ações, omissões, condicionantes sociais, humanas, ambientais e históricos, que são os principais pontos que norteiam a política nacional de redução de mortes por acidentes e violências. A vida, a saúde e a segurança constituem-se um direito humano fundamental e essencial para o desenvolvimento social e econômico dos povos.

O direito e o respeito à vida configuram valores éticos da cultura e da saúde. A promoção da saúde deve embasar todos os planos, programas, projetos e atividades de redução das violências e dos acidentes. A política enfatiza os fundamentos do processo de promoção da saúde, considerando, especialmente, a sua finalidade de alcance da qualidade de vida e de suas estratégias básicas: intersetorialidade das medidas e o fortalecimento da ação comunitária".

Contudo, a crítica que fazemos é que em função dos resultados alcançados nos últimos dez anos pelas áreas, pelos profissionais e pelas equipes que continuam sendo mobilizadas neste imenso, complexo e importante trabalho, deveriam receber mais recursos e aportes técnicos, incluindo a psiquiatria, para colaborarem na revisão dela.

A metáfora que aplico aqui é a seguinte: poderemos estar procurando coisas certas em lugares errados e de forma incompleta. Há um ditado que diz que aqui "o buraco é mais embaixo", mas eu creio que aqui "o buraco está em outro lugar" e, não simplesmente e tão somente "um pouco mais embaixo.

A psiquiatria de base psicanalítica está disposta a demonstrar onde fica o tal buraco da falta, pois, em matéria de violência humana, a psiquiatria é a "ciência" e ela jamais se opõe a estar de frente no combate à violência e ao sofrimento.

Seria inconsistente pensar que a psiquiatria não teria algo a dizer. Quando a questão é ser humano, é justamente ela que tem que mostrar a que veio com os seus conceitos fundamentais, cujo primeiro critério para ser um deles quatro é: "resolver problema de natureza humana". O crescimento assustador das violências humanas não é um jogo de futebol, onde a cada momento alguém tivesse que comemorar uma vitória.

Neste que está longe de ser um jogo, vemos um embate de forças de morte contra forças de vida, onde o nosso país perde numericamente mais de cento e trinta mil cidadãos por ano e mais outro tanto que ficam alijados do processo produtivo de forma permanente, percebendo seguros e auxílios doenças da seguridade social. Tudo isto sem contar a irreparável perda do sofrimento de seus familiares e amigos.

De fato, constatamos que os profissionais de sólida base cartesiana, necessitam apreender uma outra "ciência", que é de um outro sistema de racionalidade e de um campo de proposição e demonstração de verdades completamente diferente daquele da ciência que, dada a incompletude de ambos, necessitam "andar em estreita colaboração, crítica e diálogo.

Existem outros importantes tipos de saberes que não fazem parte da cartilha cartesiana, essa é aquela mesma que foi, não sem razão, utilizada para domesticar o mundo ocidental, nos últimos quatrocentos anos.

Parece que os lugares estão trocados, pois não se trata mais de que o inconsciente humano é uma instância que não se encontra acessível aos tecnólogos, mas chego a acreditar que sãos esses mesmos que não possuem interesse, necessidade ou disposição para se habilitarem à técnica de acesso ao mesmo.

Mas, também, como se poderia haver crença em algo que ainda é de todo ignorado. Ora, qualquer pessoa sabe que ignorado é o nome que se aplica ao que justamente não chegou a ser ensinado, não chegou a ser aprendido. A psiquiatria é uma "ciência" que por ser ética e fundamentalista, "não pode possuir essa figura exótica chamada mestre, pois nem sempre faz bem a todos que nele se fia", que serve para tapear quem nela se fia. O analista é um sujeito desprovido do saber de qualquer outro, pois este é o seu verdadeiro lugar e função". Por isso, a psiquiatria cuida, em conjunto com a sua vertente psicanalítica, do sentido de uma integração e de um aprendizado para a solução de "problemas de natureza humana".

Para adentrar a instância do inconsciente, o profissional teria de se qualificar em uma "nova abordagem", por isso a psiquiatria carrega consigo uma certa estranheza e isso causa alguma incerteza para os que dela ainda não beneficiaram.

Sugiro aos leitores que, ao encerrar esse prólogo, façam uma leitura complementar de uma das Novelas Exemplares de Miguel de Cervantes: aquela novela do colóquio que teria havido entre dois cachorros "Cipião e Berganza". [12]

Esse colóquio que imaginariamente teria havido nas penas do escritor Cervantes, insinua que um ser humano, se fosse dotado de sensibilidade e de uma boa alma, poderia muito bem aprender com

12 Novelas Exemplares, Cervantes, Cosac NaiFy, pp426 a 475 e as cartas de Freud e o Colóquio dos Cachorros, pp520 a523.

os outros, aqui representados por dois cães, a prática de escutar e de compreender melhor os sujeitos ditos humanos.

A propósito desta questão, o médico psiquiatra, Jacques Lacan, foi bastante enfático, ao ministrar, em 1965, no Hospital Salpetrière, um seminário que reuniu o colégio médico da França, com o propósito a integração possível e necessária dos saberes entre os psiquiatrias e os psicanalistas, pois cada qual, os seu modo procuravam manter os seus lugares de equidistância uns dos outros que, inevitavelmente, levariam à extraterritorialidades ou à marginalidade de duas disciplinas que, não é de todo inteligente, que elas andem cada qual em seu canto.

O sábio psiquiatra e psicanalista, Jacques Lacan, colocou de forma clara que aquela posição jamais teria sido a que ele própria ousaria defender.

Nesse seminário ele foi enfático a respeito de sua convicção que o tempo encarregaria de demonstrar o quanto todos ali presentes estavam completamente equivocados. E acrescentou que, com o andar da carruagem dos tempos, esta conclusão ocorreria em uma tempo muito breve.

E de fato, esta conclusão já está posta atualmente, mostrando que a complementaridade entre ambas as práticas constitui um auxílio mútuo necessário na abordagem complexa que é própria dos transtornos mentais.

Causa oculta

Causa oculta

Dentre todas as questões de saúde, que sem cessar nos desafiam o tempo todo, existe uma que mais nos questiona e que mais nos desafia: foi precisamente ela que deu motivo para a escrita deste livro.

A "Causa Oculta" – dos Sofrimentos Humanos.

Em verdade, a pergunta que se faz neste livro é como obter o acesso ao saber para a compreensão da "Causa Oculta" dos sofrimentos? Aquilo com que se sofre, mas, que não se consegue localizá-lo com precisão?

O que sabemos dos seres humanos é muito extenso, porém, nem todos eles constituem verdades, ou seja, não podemos fiar nem confiar neles. Muitos sequer podem ser demonstráveis em seus campos e aplicação, pois eles são ao mesmo tempo completos, mas, inconsistentes.

Quantas não foram as pessoas que levaram suas vidas até a morte, e viveram sem sequer imaginar que tudo aquilo não passava de uma verdade disfarçada, isto é, não passava de uma simples falsidade.

Querem alguns exemplos delas?

Penso, logo existo.

Só a ciência é que resolve!

A razão não depende da emoção...

O ser humano é um indivíduo.

O comportamento humano é fundamentado no instinto.

A consciência humana é capaz de impedir a ocorrência de um acidente fatal.

Todo ato humano tem que passar necessariamente pela consciência.

O método científico é infalível.

O melhor modelo que explica o homem é o da máquina humana.

O sofrimento será "psicológico" sempre que a sua causa não puder ser determinada.

Conhecendo a causa básica é possível evitar semelhantes fatalidades.

A cura dos transtornos mentais só ocorre quando os sinais e os sintomas desaparecem.

Toda doença mental só pode ser concebida pelo modelo biológico do ser.

De fato, foram muitos os equívocos transmitidos ao longo dos tempos, advindos da interpretação de muitas cartilhas, entre elas, a cartesiana.

Além das falhas de saber sobre o ser humano, que muitas vezes são tomadas como se verdades fossem, as pessoas ainda possuem as chamadas "faltas de saber" sobre os seres humanos. Aqui, estamos dizendo dos saberes que ainda não foram formulados.

Será que haveria também saber que nunca saberemos? Até sabê-los, eu creio que sim!

Os saberes sobre o ser humano em suas mais distintas formulações guardam relações de pertinência com as distintas instâncias do psiquismo, que são o consciente, o pré-consciente e o inconsciente, cada qual, com a sua estruturação e o seu modo de funcionamento.

A malha psíquica configura-se como um cipoal de saberes do que vem a "ser humano", entrelaçando-se verdades, falsidades, mentiras, segredos, ignorância e o não saber.

Desvendar esse caótico novelo fio a fio, ponto a ponto; revelar o que cada um é, representa, articula, ou integra; qual o efeito que, caso a caso, disso resulta não é um desafio somente para uma dúzia de iluminadas cabeças, nem somente para uma meia dúzia de décadas, em qualquer lugar.

É certo, que já contamos com cerca de cento e vinte anos de estudos, ensinos teóricos e clínicos, publicações, debates e compartilhamentos com distintas áreas de distintos institutos em diversos países.

Desafios desta natureza mobilizam ciências médicas, ciências humanas, ciências sociais, ciências exatas e outras distinguidas áreas. Todas elas sempre têm algo a contribuir com a causa do desenvolvimento do saber humano.

Baseada na cidade de Belo Horizonte, a empresa Ensino Márcio Serrano coloca-se como mais uma destas instituições, com produção própria, ensino, clínica e intercâmbios em nível nacional e internacional.

Podemos dizer que, hoje, como um todo somos um movimento que conta com cinco ou seis gerações de especialistas, tomando-se como marco as produções do psiquiatra e pesquisador, Sigmund Freud.

Abaixo, temos um breve depoimento do psiquiatra e cientista nascido em uma província austríaca, Pribor, hoje, pertencente à República Tcheca, Sigmund Freud:

"Comecei minha vida profissional como um neurologista e psiquiatra, tentando aliviar os sofrimentos dos meus pacientes neuróticos. Eu descobri alguns fatos novos e importantes sobre o inconsciente humano. Dessas descobertas advindas da neurologia e da psiquiatria, nasceu uma nova ciência: a psicanálise.

Eu tive que pagar caro por esse pedacinho de sorte.

A resistência foi muito forte e implacável. Finalmente, eu consegui. Mas, a luta ainda não terminou. Meu nome é Sigmund Freud".[13]

Prezado leitor, o que você poderá vir a compreender com a ajuda dessa obra sobre o "ser humano" utilizando-se dos saberes de base psiquiátrica e de base psicanalítica, você não poderia vir a compreender por nenhuma outra via, pois esta é aquela que mais se ocupou da escuta clínica dos sujeitos humanos que sofrem e são violentados. Elas que mais se ocuparam com a direção da cura, partiram sempre daquela pergunta iluminadora: "o que é de fato o ser humano?".

Está muito claro para todos que o mundo pós-contemporâneo não tem demonstrado muito interesse em se dedicar ao saber em questão sobre o "ser humano.

Muitos ainda acreditam que as ciências naturais isoladamente são ou serão capazes de dar uma resposta à questão: "o que é o ser humano?".

Não acreditamos, caro leitor, que isso venha a ser possível, pois os campos de demonstração das verdades das ciências naturais

---

13 Trecho de uma citação do único áudio gravado por Freud, em 07 de dezembro de 1938, próximo de sua morte, em Londres.

são outros. Não são nos campos de saber das Ciências Naturais que se demonstram as verdades científicas das Ciências Médicas e das Ciências Humanas, e vice-versa.

Algumas citações que se seguem foram ditas no Brasil pelo poeta moçambicano, Mia Couto, em seu Seminário "Repensando o Pensamento" e outros.[14]

> *"As ciências naturais nada sabe sobre a subjetividade humana".*
>
> *"As ciências naturais possuem uma aproximação mais redutora e simplificadora da vida. A arte pode dar conta dessa complexidade imprevisível que são os fenômenos da vida".*
>
> *"O que me agrada na ciências naturais não é ver nela uma explicação total, absoluta do mundo humano, pois isso elas não são capazes, mas, o que me agrada é quando ela coloca essa narrativa em diálogo com os outros saberes, como os das ciências humanas, isto é, com outras sensibilidades".*

O "ser humano" é por natureza e estrutura limitado em dizer toda a verdade. Dizê-la toda é impossível ao "ser humano". Este, por exemplo, é um tipo de "saber sobre o ser humano", como nos ensinou Jacques Lacan, o renomado psiquiatra e psicanalista francês.

> *"Eu digo sempre a verdade. Não toda... pois, dizê-la toda, não se consegue.... Dizê-la toda é impossível, materialmente... faltam as palavras. É justamente por esse impossível de dizer... que a verdade toca o Real."*[15]

14 Mia Couto, poeta moçambicano laureado. Frases extraídas do Repensando o Pensamento e outros. 1985.

15 Lacan, 1973, em entrevista gravada para a produção Television.

O “ser humano” é um ser falante, aliás, é por falar que ele é ser humano. Provavelmente, já existiram outras subespécies de seres falantes, no entanto, desde cerca de quarenta mil anos antes do presente, somos a única e derradeira espécie de ser que pensa com a fala.

Até quando essa realidade irá perdurar?

A resposta depende de cada um de nós, por isso precisamos saber melhor o que de fato nós somos, pois somente assim poderemos saber o que de fato queremos, o que de fato pensamos e o que de fato dizemos.

Por muito tempo, o que temos, até então, sobre essa pergunta é simplesmente uma incógnita.

Não é sem ra zão, caro leitor, que este livro que você o tem em mãos e que foi escrito com muito zelo, tem a finalidade exclusiva de lhe transmitir os ensinamentos do que é “ser humano”, pois será com base neste saber é que poderemos compreender a “Causa Oculta” das violências e dos sofrimentos humanos.

Primeiras experiências

Primeiras experiências

Quando uma criança nasce, ela não pode ser considerada, de imediato, nem a sombra de um "ser humano". "Ser humano" é outra coisa. Esse saber sobre "ser humano" é essencial que o apreenda e que o tenha consigo para compreender a vida.

Nenhuma criança ao nascer já pode ser considerada como um "ser humano". Não pode ser considerada porque, ao contrário do que se possa imaginar, não é pelo simples fato de haver nascido de um "ser humano", é o que nos prontifica à condição humana, já construída, pronta e funcional.

Por outro lado, no que se refere aos animais da natureza, por não falarem, eles não se enquadram na categoria de "seres". Eles se enquadram na categoria de "existências". As existências naturais são “criaturas” exemplificadas pelos animais, e como tal, já nascem prontos, completos e funcionais, pois suas vidas são asseguradas por uma inteligência complexa e automática chamada Instinto.

As criaturas já nascem como uma existência pronta, completa por natureza!

E como tal, nunca terão por toda a sua existência, qualquer manifestação de consciência, sempre satisfazendo as suas necessidades de um modo único, instintivo, completo, por meio de objetos.

À essa existência animal é dada a capacidade de satisfação das necessidades por meio de objetos que são encontrados, coletados, caçados para a sobrevivência, a reprodução e a seleção natural. A mais pura forma de luta pela vida favorável à seleção natural.

Os filhotes de leões animais são leõezinhos, mas os filhotes de seres humanos não são seres humanozinhos. Eles ainda faltam muito para ser como tal.

Com o “ser humano” a questão posta é completamente outra. Quanto nasce um filhote humano, ele ainda não é um “ser humano”. É apenas um “Isso”, um nascido de um “humano”, que ainda não é “Ser”.

Para Freud, em cerca de doze semanas, onde o “Isso” era, um “Ego” advir.

Enquanto deste recém-nascido não advir um “Ego”, a sua vida continuará sendo a de uma pura existência satisfeita de forma plena por meio de objetos, sem qualquer mediação psíquica, dada a ausência atividade no “Isso”.

Estamos, pois, diante de uma simples “criatura”, de um puro animalzinho inumano, se quisermos chamá-lo assim para adocicar a sua vida de forma carinhosa e não decepcionar tanto as mães que, porventura, estranhem essa questão.

O "Isso" ainda não pensa, não fala, não percebe, não tem consciência de si, não possui atividade psíquica qualquer. Contudo, o "Isso" satisfaz suas necessidades por meio de objetos oferecidos por uma cuidadora ou por um cuidador, sem que ele os tenha pedido ou possa saber do que se trata esses cuidados e objetos.

Estamos diante de um provisório que vai sendo cuidado, ao mesmo tempo em que principia a inscrição de "traços de memória" inacessíveis a qualquer humano, incluindo a cuidadora ou cuidador que, em vão, procura um significado em nome do "Isso", que ainda não é nem a sombra de um outro semelhante. Eis, aqui, a vida de um puro Real, desprovido do Simbólico, do Imaginário e de não sei lá, mais o quê!

Essa existência nascida de humano, digamos, um "recém-nascido", satisfaz todas as suas necessidades por meio de objetos que lhe são fornecidos de maneira direta, biológica, sem qualquer outro tipo de intermediação, que não seja a citada.

Porém, em um tempo, em torno de uma dezena de semanas, desse filhote de humano um "ser humano" advir.

E o ser humano advir, quando essa condição de Puro Real for perdida. O tempo da perda é o desde sempre e o para sempre.

E parece que esse "fenômeno" sempre ocorreu assim e que, assim, continuará sendo.

Aqui, tenho o pressentimento de que deverei transmitir uma mensagem específica para vocês, pois as mudanças que haverão de ocorrer com o pequeno "recém-nascido" são importantes, delicadas que possuem a força e a função de promover um divisor de águas, tão radical, como se tratasse mesmo de um "novo nascimento". É precisamente isso que responderá pelo advir do "ser humano" de onde o "Isso" era.

A transformação é da ordem de um sair do conforto do lugar da mesmice para um conflito do lugar da mudança.

Essa transmutação é o que há de mais essencial para o nascimento de um "ser humano", que é o deflagrar da construção de um sujeito humano, se a opção for a de acompanhar os ditos de Lacan.

Quanto ao "recém-nascido" e a satisfação direta por meio de objetos, de cuidados, de energia libidinal, dentre mimos, tudo isso será perdido para sempre, em função da entrada no campo pulsional da linguagem.

Esses objetos recebidos que, por supostos, satisfazem as suas necessidades, chega até o "recém-nascido" humano sem qualquer ação mediadora psíquica. É igualmente um estádio de pura satisfação de necessidades, cujo fim será marcado pela perda desta condição Real.

Os mamíferos superiores também satisfazem suas necessidades por esta mesma via biológica direta, só que a partir do próprio nascimento biológico, tal como já se encontra programado pela complexa inteligência neural que eles seguem à risca, sem a menor consciência de si. Os animais nascem na dimensão Real e nela continuam. Sendo assim, nunca terão consciência da questão de suas finitudes, que só existe porque, assim, nós a nominamos para eles.

Entretanto, em relação ao "recém-nascido" de sujeito humano, aquele que ainda não é "ser humano", o modo de se satisfazer, como dissemos, terá que sofrer uma grande mudança em relação ao início de sua existência.

Vamos, então, detalhar quais seriam essas mudanças de um percurso para vir a "ser humano".

É na medida em que o "recém-nascido" continua desenvolvendo-se, muito além do que seria um simples ordenamento no plano biológico, é que atributos de percepção sensorial entrarão em funcionamento.

Neste estádio é que são inscritos e registrados no psiquismo do "vindo a ser" os traços de memória de quase tudo aquilo que for sensorialmente percebido por ele. Essa evolução prosseguirá dentro de um contínuo na história de vida do que está para advir.

É neste ponto que qualquer ausência ou retardo de uma expectativa de satisfação é detectada pelo sistema de "percepção e memória", e que para o "recém-nascido", produz-se algo da ordem de um desconforto ou algo da ordem de uma insatisfação no protopsiquismo dele.

Em resposta, o "recém-nascido" manifesta sinais que levam a mãe a interpretar, com base em sua experiência prévia pessoal adquirida pela cultura em sua constelação familiar.

Quando a interpretação e a resposta maternal entram em desacordo com as expectativas daquele que "vem a ser", irrompem-se sinais que manifestam desconforto e insatisfação. Instala-se nesta interface uma outra satisfação de base alucinatória, que já se configura uma operação mediada por sinais, que não é outra coisa senão uma forma nascente de comunicação simbólica.

Assim, pode-se sustentar que a satisfação deixou de ser provida por meio de uma ação direta do objeto, para ser balizada por uma conformidade ou não com os traços de memória inscritos no psiquismo. Podemos, então, dizer que uma estrutura ao modo de uma linguagem começa a se esboçar e funcionar como uma representação de objeto.

Esta mudança não é outra coisa senão a instalação de uma operação simbólica de comunicação entre o "vir a ser" e a alteridade materna.

Doravante, sempre que em sua origem, os traços de memória forem estimulados por energia pulsional, o "recém-nascido" terá como resposta uma percepção alucinada cuja imagem representa as características do objeto de satisfação ausente.

A satisfação deixa de ser produzida pela presença do objeto para ser mediada pela percepção alucinada da ativação dos traços de memória que guardam uma relação com ele.

A instalação de uma operação simbólica para fazer funcionar uma comunicação mediada pelo psiquismo, onde o signo passa a fazer a presença de uma ausência, é o que determina a perda do Real. Em outras palavras, onde o "Isso" era um "Eu" advém. A perda do Real é que provoca a ruptura do vínculo com a existência, fazendo advir o "ser humano", que é o único da comunicação planejada e consciente por meio de sinais: imagem, pensamentos, fala, gestos e escritos.

O surgimento da função simbólica permite, possibilita ao ser operar com a realidade representada, o que jamais poderá ocorrer com as criaturas da natureza, que são apenas existências que funcionam dotadas de reflexos, instintos que lhes permitem agir, repetir, imitar.

Já, uma operação simbólica consciente, pré-consciente e inconsciente é própria do ser humano.

A aquisição da operação simbólica aprimora a qualidade da relação com o ambiente e com o outro.

Há momentos de grande investimento pulsional nos trações de memórias que levam o infante humano a vacilar sobre o que está em questão.

A memória alucinada por ele seria a representação do objeto ou seria o próprio objeto em si mesmo. É bom que se diga que não estamos afirmando aqui que uma alucinação desta ordem poderia se configurar como um padrão patológico, pois de fato estamos apenas diante de uma operação cristalizada de comunicação simbólica.

Sobre essa aquisição essencial da operação simbólica de comunicação é que decreta para sempre a perda do Real.

Perda esta que será reclamada por muito tempo ainda.

Porém, fica bem demonstrado: "quem não chora não mama".

Sobre este divisor de águas, reiteramos o dito freudiano: No lugar onde o "Isso" era um "Eu" advir. A coisa deu lugar ao Sujeito, pela operação de perda do Real.

É aí, que a criança, então, começa a desenvolver e demonstrar as suas habilidades em satisfazer-se ou não, por meio das representações dos objetos, no que ela responde muito bem mediante o choro, resmungo, balbucio, gesto. Sinais que tornam presente a ausência dos objetos que, doravante, estarão em outro plano, nos traços de memória do psiquismo.

E mesmo que esse "Eu" ainda não seja um expert da fala, o seu caminho já se encontra preparado para que venha a sê-lo.

Eis, aí um ser humano! Um ser que tanto é falado quanto habita o mundo da linguagem.

"O ser humano" é um ser falante, o que é um pleonasmo, não é mesmo? É porque ele é falante, que é ser. Porque só há ser na linguagem. O falante que todos nós somos se acha ser. Basta se achar para ser, de algum modo.

O mínimo que se pode dizer é que, tudo o que se edifica entre os seres ditos humanos é baseado, construído, fabricado, fundado sobre a linguagem. E o seu discurso é o que se fixa na linguagem, cristaliza-se nela e usa todos os seus recursos, que são muito mais e maiores, para que o vínculo social entre os "seres humanos" funcione e que eles possam se manter juntos".[16]

16 Jacques Lacan, conferência na Universidade Católica de Louvain, Bélgica -1976.

Satisfação impossível

Satisfação impossível

Como vimos no capítulo anterior, o "ser humano" é um ser de linguagem. Ele pensa e fala com a linguagem. Ela ainda é o instrumento mais generoso de que o "ser humano" dispõe para resolver seus conflitos, lidar com seus limites, criar elos sociais, comunicar com os outros de forma simples, sincera e interessada.

O objeto que o "ser humano" utiliza para saber, compreender, relacionar, produzir, transmitir, ensinar, curar, orientar, dialogar, transferir, falar, ouvir e viver é de fato a palavra.

Nenhum objeto jamais é capaz de satisfazer o "ser humano", pois ele é um ser de linguagem, de fala e de palavra. Existir, muito diferentemente de ser, é o que guarda uma relação direta com os animais, com essas chamadas existências naturais. Estes sim, vivem sempre de satisfação que obtêm por meio de objetos. Mas, o "ser humano" jamais se satisfará por meio de objetos. É impossível ao "ser humano" ter uma experiência de satisfação completa por meio de objetos, seja qual for o tipo de objeto, incluindo o objeto de amor.

É estruturalmente impossível ao "ser humano" a satisfação por meio de objetos. Nunca houve e jamais haverá a possibilidade de o "ser humano" se satisfazer por meio de objetos, como acontece naturalmente com os animais.

Antes mesmo de o "ser humano" advir como tal, houve um momento em que as primeiras experiências de satisfação por meio de objetos chegaram a ocorrer, porém, o ente que teve essa experiência de satisfação não foi o "ser humano" propriamente dito, como explicado no capítulo anterior, mas, sim aquele "recém-nascido" desprovido de atividade psíquica superior (superior a simples reflexos ou instintos). Acontece que essa primeira experiência de satisfação se perde realmente para sempre, coincidindo com o advir do "ser humano", isto é, quando o mesmo nesta condição já tenha sido atravessado pela linguagem, já na condição de um falante, que, por isso, transmutou-se em um "ser".

Assim, qualquer que seja o objeto, ele jamais satisfará o que é da estrutura e do modo de funcionamento humano.

A insatisfação é estrutural e universal na condição de "ser humano", embora muitas pessoas resistam em adotar esse fato como sua verdade. E não é sem razão que estas pessoas sofrem por acreditar que um dia poderão usufruir da satisfação por meio de objetos, contrariando a sua própria natureza de "ser humano".

Estas pessoas resistem em reconhecer as limitações de "ser humano" e, por isso, vivem na fantasia, sofrem e morrem em função de suas resistências em reconhecer o que vem a ser a condição de "ser humano".

Como consequência de tanto insistir na busca de uma satisfação, que é impossível de ser alcançada, estas pessoas ficam adictas e reféns desse encontro impossível do objeto que buscam.

Elas criam uma dependência com os objetos desejados e não conseguem mais suportar a sua ausência, mesmo que nunca os alcancem em qualquer momento de suas vidas. Quanto ao objeto da satisfação impossível ao "ser humano", ele até existe, porém, se eu lhe pedisse para encontrá-lo num armário com inúmeras prateleiras classificadas, de onde fossem possível de se extrair todos os tipos de objetos possíveis ou imagináveis, no lugar exato "reservado" ao objeto da satisfação impossível, o que você esperaria nele encontrar?

Uma falta. Isso mesmo: exatamente, um lugar de falta, pois esta é uma outra forma de dizer que o objeto da satisfação impossível ao "ser humano" existe, mas que ele corresponde a uma falta, a um objeto vazio. Ou se quiser dizer de outra forma, ele é ao mesmo tempo o objeto causa da procura e do encontro impossível.

Precisamente por não ser encontrado é que ele continua sendo procurado por pessoas que relutam em reconhecer os seus limites enquanto "ser humano" que são. Faz parte da estrutura do objeto da falta produzir no sujeito o próprio efeito da falta.

O objeto da falta, é também conhecido como objeto pequeno "a", nome dado por quem o formulou, Dr. Jacques Lacan. Ele é um objeto que sempre terá o caráter da negatividade, portanto, impossível de ser preenchido, de satisfazer ou ser encontrado pelo "ser humano". É o objeto que do ser humano é perdido para sempre.

A procura pelo que é, em absoluto, o objeto pequeno "a" é a base que sustenta a adicção ou que fundamenta o vício que, infelizmente, é um caminho para quem não admite nem respeita os limites de "ser humano".

O adicto, seja por qual objeto for, ele busca e encontra o que poderá até lhe dar a sensação de que alguma satisfação fugaz foi obtida e, de imediato, perdida, o que o estimula a repetir o ciclo infernal da procura e do encontro vazio, pois é disto que ele se trata.

Esse fundamento não se aplica somente à adicção por substâncias de efeitos psicoativos, mas a todos os tipos de objetos da falta buscados compulsoriamente a título de obter uma satisfação plena, duradoura e supostamente vantajosa.

O vício é sempre a busca de um objeto cuja falta o adicto não consegue suportar. Além do mais, faz parte também da estrutura do objeto produzir essa falta que fomenta a busca por ele. A questão que também colocamos em relevo é o que de fato o adicto não consegue suportar. Ele não consegue suportar é a condição da falta, a própria condição de "ser humano", qual seja, admitir-se como ser limitado, frágil, impotente, falho e finito, isto é, um ser que sofre esperando a morte chegar.

Pessoas com dificuldade deste tipo necessitam de ajuda especializada, pois a adicção toca no mais primitivo e no mais nuclear do "ser humano". Mas, a direção da cura é bem conhecida pela psiquiatria de base psicanalítica e não pode ser descartada, pois é a patologia que mais mata pessoas de mortes súbitas e violentas. O sofrimento do adicto e de toda a estrutura de sua família é muito grande. Sofrem os avós, os pais, os irmãos, os tios, os sobrinhos, os amigos. E o sofrimento não é pequeno nem passageiro. Pode até durar mais tempo que o previsto. As redes sociais de proteção, necessitam de contar com recursos de toda a sorte, pois a adicção só tende a aumentar a cada dia que passa, em independentemente da condição social e econômica das pessoas. Toda a pessoa que possa ajudar, do jeito que puder, por mínimo que a ajuda seja, não pode abandonar as pessoas que sofrem de adicção, pois a dimensão do problema é muito grande em todos os cantos do mundo e, sobretudo, no Brasil, que responde sozinho por 12,5% de todas as mortes violentas de causa externa ocorridas no mundo.

As formas de adicção, porque são muitas, pois elas não restringem a apenas a drogas, juntas matam quase cento e trinta mil pessoas por ano (acidentes, homicídios, suicídios, abandonos), em nosso País. E as mortes ultrapassam os limites dos núcleos de adição e estendem-se a terceiros que acabam sendo envolvidos, adoecendo e morrendo. A sociedade como um todo, além de estar virada de costa para estas pessoas que, juntamente com as suas famílias, sofrem de uma forma cruel, o problema se agrava ainda mais, quando essa mesma dor dos outros é transformada pelos oportunistas em negócios de consumo rentáveis.

Uma questão relevante é que as sociedades, em quase todas as partes do mundo, estão atravessando uma crise de excesso de licenciosidade, como nunca se viu antes na história da vida humana no planeta. Tudo pode, não há mais limite para nada. Esta forma de viver não combina com a estrutura e o funcionamento de "ser humano". Os pais têm que estar mais presentes na vida dos filhos, sobretudo, nos períodos da infância e da adolescência. Negociar os limites com os filhos é mais que necessário, é um caminho na direção da prevenção das violências, dos transtornos que levam aos sofrimentos mentais.

Por isso, meu leitor, são questões como essas e outras que ainda lhes apresentarei, muito me motivaram a escrever este livro, segundo uma forma tal que pudesse ele pudesse ser lido e compreendido com certa facilidade por todos.

Por isso, podemos dizer que os médicos, educadores, padres e pastores deveriam ser todos uns missionários do amor que faz suplência ao falta-a- ser. Mas, infelizmente, esta não tem sido a primeira opção de parte desses "missionários".

Demanda de amor

Demanda de amor

No capítulo anterior, chegamos à conclusão de que o objeto que poderia dar satisfação ao "ser humano" é um objeto vazio. Ora, isso nos ensina um novo "saber de que para do humano advir" ele tem que perder mesmo para sempre a pretensão de se satisfazer as necessidades por meio de objetos, sejam quais eles forem incluindo o objeto de amor.

Sabemos que de fato ele o perde, porém todos os registros das primeiras experiências de satisfação por meio de objetos, eles se encontram marcados a "ferro e fogo e jamais abrem mão delas, o que nos leva a vacilar e a manter este conflito o tempo todo. Por isso, somos seres divididos, diferentemente do que Descartes sempre nos considerou como "indivíduos". Esse é mais um de seus inúmeros "erros", reiterando que de fato a ciência nunca foi mesmo o campo de demonstração dos saberes sobre o "sujeito humano".[17]

E esse algo que para o ser falante se perde para sempre é o que Lacan "batizou" com o nome de Real. E Lacan ficava perplexo de o porquê algo assim tão crucial e que representa nada menos que a própria vida do sujeito humano, jamais ninguém na face da terra, em tempo algum, antes de Sigmund Freud, houvera sequer aventado sobre a sua existência!

Em um capítulo específico mais a frente, cuidaremos de responder à pergunta: o que é o Real? Esse conceito nuclear de nossas vidas, pois ele, e nenhum outro, é que decreta de fato e em absoluto o "limite" possível para se viver uma "vida humana" saudável.

Isto quer dizer que, quando o "recém-nascido" começa a ter percepções originadas das ativações dos traços de memórias referentes aos objetos que antes os satisfaziam apenas de forma direta, sem mediação psíquica, é admirável, pois, essa operação inaugura uma forma humana de se satisfazer sem a concretude dos objetos, que é a representação simbólica.

Esta admirável capacidade de trabalhar com a imagem no lugar do objeto concreto, é que caracteriza a "operação simbólica", ou seja, aquilo que há de mais singular nos sujeitos da espécie *Homo sapiens sapiens*.

Esta operação não existe nos animais e nem, tampouco, nas espécies primitivas do gênero Homo, estas que viveram de 300.000 a 800.000 anos antes do presente (AP). Entre estas, posso citar, por exemplo, a *Homo ergaster, Homo erectus, Homo rhodesiensis, Homo habilis* etc.

Todas essas espécies eram verdadeiras bestas humanas que viviam em amplas áreas da Europa e da África. Que eram puras existências animais. Que jamais conheceram ou fizeram uso das operações simbólicas. Ao que tudo indica essa capacidade ainda não havia

17 Mia Couto, laureado poeta e escritor moçambicano, em *Repensando o Pensamento*: "As ciências exatas nada sabe sobre o sujeito humano". Companhia das Letras, 2016.

sido uma conquista evolutiva selecionada entre os pré-humanos não sapiens. Porém, viria a sê-la de 60.000 anos para cá (AP) com o advento da linguagem falada. Da mesma forma que as existências animais, as besta humanas funcionavam apenas fundadas em instintos, que são uma espécie de inteligência inata, neurológica, complexa, programada para que eles pudessem responder sempre de acordo com o mesmo padrão que, a eles asseguravam muitas vantagens competitivas nas "lutas pela vida" (struggle for life), pelos objetos voltados às necessidades naturais de sobrevivência, copulação e perpetuação das espécies.

Ao buscar satisfação por meio de objeto o que o "ser humano" realiza é cumprir os ditames dos traços de memórias do psiquismo, o que faz reproduzir percepções alucinadas do próprio objeto, sem, no entanto, conseguir com isso qualquer satisfação material assemelhada àquela que edifica a estrutura e o funcionamento dos animais.

A percepção que reaparece no lugar do objeto é uma espécie de alucinação das primeiras experiências de satisfação que, nesta sua nova vida, enquanto um ser de linguagem, ela somente contribui para atiçar o apetite, mais desejo de satisfação.

Como não haverá objeto que satisfaça o "ser humano", pois o objeto já foi destituído desta sua positividade, ela apenas reproduz o protótipo do objeto da falta.

A falta é tudo, portanto, o que ele consegue encontrar nesta busca por satisfação direta por meio dele. Na falta, o que ele encontra é a percepção do objeto, que funcionará como causa de produção de mais desejo, que por definição, é sempre um desejo insatisfeito para todos os que habitam o mundo da linguagem, funcionando e pensando com a palavra.

Tudo isso pode ser mais bem compreendido a partir da concepção de um movimento que não pára de buscar o encontro do que eram as primeiras experiências de satisfação. É apenas isso mesmo que é deflagrado pelo investimento nos registros de memória.

Porém, o que se consegue com isso não é nenhuma satisfação plena, concreta, mas, tão somente a sensação da percepção do objeto, o que só faz aumentar a intensidade desse movimento, que é chamado de desejo.

No projeto humano, alguém sempre nos deixa, irremediavelmente, "mal-acostumados". Não é a mamãe! Nem ela pode ser culpada por isso, pois, esse lugar é mesmo destinado a uma cuidadora ou um cuidador para "salvar da morte essa cria humana". E é justamente em nome deste amor de salvação que um filhote indefeso de gente consegue vingar-se, pois ao contrário dos animais, ele não nasce competente.

E quanto ao objeto de desejo, ele continuará sendo o objeto da falta, falta essa que funciona para ensejar ainda mais desejo, protegendo o sujeito humano de desistir da vida. Não podemos abrir mão de nosso desejo, esse que somente existe na falta. Não na falta de objeto, mas no objeto da falta.

Por que não havereis, portanto, de enaltecer o objeto da falta, se é precisamente ela que dá causa ao desejo, que, por sua vez, dá causa ao movimento chamado de "Vida"?

Por isso, o "ser humano" é um ser eternamente insatisfeito, condição singular própria de "ser humano", embora, como sabemos há muita resistência em aceitá-la, que é a resistência contra o insuportável da vida, e a recusa em ter que administrá-la, prezado leitor, você já sabe no que ela se desdobra, que são todas aquelas consequências avassaladoras, e que não são poucas.

Lembra a estatística nacional de que cerca de 130.000 mortes por ano possuem como causa externa a violência (acidentes, homicídios, suicídios e abandonos).

Neste contexto, a demanda seria mais que um simples pedido inconsciente por uma satisfação, encaminhado por um "ser humano", que é um habitante do mundo da linguagem, dirigido a um Outro, no qual se tem a crença em sua suposta capacidade de provimento.

Por ser inconsciente, quem demanda não possui de fato a menor consciência do conteúdo do que está demandando ao Outro.

Do conteúdo da demanda inconscientemente engendrada pelo sujeito humano, este não possui nenhuma consciência do que de fato se trata na demanda, porém, no que tange à expressão falada dirigida ao Outro, essa por ser feita de forma consciente, pode ser reconhecida pelo ser que fala.

Mesmo assim, não podemos assegurar se o que está sendo falado para o Outro, nem o que o Outro interpretou desta fala correspondem de fato à demanda "original", se é que ela exista! Por isso, a demanda está muito longe de ser considerada tão somente um simples pedido de um ao Outro. Reitero essa exata diferença porque ela é muito importante. Coube exatamente ao psiquiatra Jacques Lacan elucidar a falha na estrutura entre a demanda e o desejo, a ponto de afirmar que na maioria das vezes as pessoas não desejam de fato aquilo que demandam.

No mais profundo de tudo o que apuramos é que para todo sujeito humano qualquer demanda é simplesmente uma demanda de amor. Um sinal de que é reconhecido e de que precisa de um "sinal de amor".

Os animais coletam, caçam e encontram todos os objetos capazes de satisfazê-los diretamente a partir da própria natureza. Mas, mesmo que o "ser humano" não se satisfaça por meio de objeto, ele tem que o demandar por meio da linguagem. O caso dos "seres humanos" é completamente outro em relação ao que ocorre com os animais, pois basta que um "ser humano" fale para logo surgir um Outro que toma a palavra.

E mesmo que em sua fala existisse uma consistência com a demanda dirigida ao Outro, este Outro que tomou a palavra introduzirá uma variável importante nesta articulação, qual seja, a interpretação, pois nunca há uma concordância total entre o que o demandante diz e o que o demandado interpreta, significa ou dá sentido.

Sempre que a palavra é tomada do sujeito que demanda pelo Outro, este interpreta, dá o significado, o sentido e devolve ao sujeito sua própria mensagem de forma invertida.

Por isso, o Outro fala e atua através do sujeito e o faz dizer e fazer coisas que, conscientemente, ele não tinha a menor intenção de dizer ou fazer. É o atravessamento do consciente pela determinação do inconsciente.

Assim, quem demanda espera receber do Outro uma interpretação que lhe diga qual é o sentido daquilo que ele está dizendo. A demanda é demanda de: ser reconhecido, de ser interpretado, de receber o sentido de seus ditos, de receber cuidado, de estar seguro, de ser amparado, de receber apoio, de ter companhia e a demanda de amor.

Na dialética da demanda e do desejo, a demanda é demanda de ser amado pelo Outro e o desejo é o de ser desejado pelo Outro.

O "ser humano" não dá conta de não ser reconhecido pelo Outro. Este é um saber muito importante que temos que colocar em prática em favor da causa humana, a começar por nossa própria causa ao assumir a verdadeira atenção que é devida a todos nós para estabelecermos a escuta e o diálogo com os outros, os nossos semelhantes.

O Papa Francisco, no fim do ano de 2017, ensinou uma lição na praça do Vaticano, do quanto o mundo está carente de escuta e de diálogo, cujas consequências, caro leitor, os números do nosso país nos lembram cada vez que lemos ou assistimos ao noticiário do dia...

"Feche os olhos e imagina o seguinte: a mesa, a mamãe, o papai, eu, meu irmão, minha irmã. Todos com seu próprio aparelho celular falando. Todos falando ao mesmo tempo, porém, falando para fora. Entre si, ninguém se fala um com o outro. Todos se comunicando ao mesmo tempo, não é verdade? Sim, comunicando pelo telefone. Mas, não há diálogo com a família que está à mesa. Este é o problema: a falta de diálogo, a falta de escuta. A escuta é o primeiro passo para o diálogo.

Eu creio que este é um problema que nós precisamos de resolver. Uma das enfermidades mais brutas que existe nos tempos atuais é a pouca capacidade de escutar os outros. É como se tivéssemos resolvidos a fechar os ouvidos à escuta dos outros. Eu sei que as pessoas estão se comunicando por meio do telefone celular, porém nós não estamos escutando as pessoas que estão próximas de nós. Não está havendo mais diálogo. Eu sei que está havendo muita comunicação com os outros, mas talvez isso não seja uma comunicação verdadeira!? Não é diálogo.

Eu digo uma coisa você diz outra, eu digo mais uma coisa, você diz mais uma outra, porém tudo é muito virtual.

E como se começa, então, a dialogar? É com o ouvido. Abrir os ouvidos.

Ouvidos abertos para sentir o que se sucede com as pessoas.

Por exemplo, eu vou visitar uma pessoa que está sofrendo, e já chego falando para ela: não te preocupes, isso vai passar, vai ficar boa, blablabá. Até mais! Deus te abençoe!

Não deveria ser assim.

Mas, quantas vezes não se faz assim? A pessoa não poderá ficar melhor com um atendimento deste tipo! Poderá?

Claro que não! Ela ficará mais abatida ainda, pois o que ela de fato necessitava era ser escutada!

Quando você estiver em contato com uma pessoa com necessidade assim, você chega com cuidado e respeito, demonstre carinho, dá-lhe um beijo... e uma pergunta: como está? E a deixe falar livremente. Escute-a em silêncio, para perceber o que se sucede com ela.

A fala que importa é a da pessoa que sofre, pois, a cura nasce na voz de quem padece.

Em primeiro lugar devemos sempre escutar, somente depois de compreender bem o que se sucede com o próximo, é que estamos autorizados a fazer o uso da palavra.

Escutar é dar escuta ao diálogo, ao diálogo concreto e, não, ao virtual como o que ocorre, nos dias de hoje". [18]

18 Papa Francisco. Observatório do Vaticano, outubro de 2017. Sobre o diálogo: "Primeiro, a escuta, depois, a palavra".

Desejo

Desejo

Freud, ao se dedicar à pesquisa sobre o sonho descobre que ele é uma produção do inconsciente voltada para a realização dos desejos das pessoas que sonham os seus sonhos. O sonhador que sonha o seu sonho na realidade é um mero espectador da produção engendrada e manifestada pelo seu inconsciente, e sobre a qual não possui o menor controle do que se passa naquele processo onírico.

Para Roger Perron, membro titular da Sociedade de Psicanálise de Paris e Diretor Honorário de Pesquisas da Universidade Paris V: "O sonho, guardião do sono, permite a satisfação disfarçada de desejos recalcados e que sua interpretação constitui a estrada real que leva ao conhecimento do funcionamento inconsciente na vida psíquica".[19]

19 Autor do artigo *O Sonho, pp 1772/1774*. Coautor do Dicionário Internacional da Psicanálise, Direção Geral de Alain Mijolla. 2001. Editora Imago.

Os sonhos são realizações de desejos não satisfeitos, quer em virtude de objeção consciente, quer, o mais frequente, em virtude de recalque pelo inconsciente, quando, então, passam a não ser mais reconhecidos, nem acessíveis.

Para Freud, atrás de toda angústia ou mal-estar, é possível desenterrar desejos ocultos insatisfeitos. Assim, o que está escondido por atrás do mal-estar ou da angústia não seriam outra coisa senão a própria expressão da resistência e do conflito. Isso é o que justifica a compulsão pela repetição.

Como a satisfação dos desejos enfrenta a resistência da moral e do recalque, ela só pode se dar com o enfraquecimento da censura, sendo essa precisamente a função do "sonho", a satisfação do desejo de uma forma disfarçada.

O trabalho do sonho é um trabalho de pensamento em que prevalece uma outra lógica, uma outra regra, tal como ocorre nos processos do inconsciente humano.

O fato de o sonho permitir de forma disfarçada a realização dos desejos, se ele não fosse o guardião do sono, a pessoa que dorme sofreria intensa pressão para dele acordar.

Embora o sonho possa se utilizar de restos de materiais e de acontecimentos diurnos, o seu material mais nobre e recorrente é constituído por recordações infantis ativadas.

O sonho enquanto uma realização disfarçada de desejos possui dois tipos de conteúdo que podem guardar entre si uma relação de pertinência, mas nunca uma relação direta de causa e efeito. Tratamos aqui dos conteúdos Manifesto e Latente dos sonhos.

Conteúdo manifesto é o relato que o sonhador faz do seu sonho. O conteúdo manifesto do sonho é como o palco onde o espetáculo do sonho faz a sua exibição. É a fachada que não se presta para a análise do sonho. É um semblante com o aspecto de uma aparência do verdadeiro conteúdo do sonho.

É como um baile de máscaras que esconde a verdade dos rostos e deforma o conteúdo do sonho. Não se pode fiar no conteúdo manifesto do sonho. Ele é uma manobra ou artifício montada pelo psiquismo para enganar toda a produção do sonho na função de não contar a verdade que se oculta na vida psíquica do sujeito que sonha o sonho.

Assim, o conteúdo do sonho funciona como uma fachada, uma máscara, um semblante, uma falsa aparência que não possibilita uma análise assertiva do que foi sonhado.

Em relação ao conteúdo manifesto do sonho, tomando-o como direção de melhor conhecer a vida psíquica do sujeito, há que se cumprir a tarefa de percorrer o caminho inverso ao do trabalho da produção do sonho. Por essa via, utilizando-se de livres associações do pensamento, é possível acessar parte do conteúdo latente dos sonhos, ainda que deparemos com o limite para a sua interpretação, o "umbigo do sonho".

De fato, o que se espera para ser adequadamente abordado é o uso da experiência analítica com a transferência, pois o que se encontra e se apreende por meio desta via não pode ser encontrado nem apreendido por meio de nenhuma outra.

Esta é a prática da psiquiatria integrada à psicanálise, conduzida preferencialmente por dois especialistas distintos.

A psiquiatria que não apenas acredita, mas considera necessário o diálogo entre ela e a psicanálise, é a psiquiatria psicodinâmica ou de base psicanalítica.

Na medida em que o conteúdo manifesto e o latente que ele procura encobrir são abordados pela técnica da experiência analítica com a transferência, pode-se descobrir o material que se encontra recalcado no inconsciente. Esta é para a clínica dos transtornos mentais, sofrimentos e violências uma prática ética visando à direção de cura.

Ao sonhar, os desejos são projetados como um filme onde as cenas, os roteiros, os personagens principais e os figurantes são apresentadas como uma manifestação cifrada, transformada, deslocada, para que o sonhador que sonha o sonho não venha a saber de forma aberta o que nele se encontra de forma oculta ou latente.

De fato os significações que desvendam os sonhos são as do conteúdo latente dele. Is é o que revela o relato que o sonhador faz do seu sonho na clínica de uma experiência analítica com a transferência. O conteúdo latente é o embasamento do sonho. Ele é formado de lembranças da tenra infância, conteúdos egoístas, conteúdos sexuais, moralmente rejeitados e incestuosos.

Tais materiais recalcados fazem parte do processo primário do sonho. É sobre esse construto inconsciente que o sonho constituir-se-á.

É sobre este material que ocorrerá mudanças e deformações para a realização dos desejos de forma disfarçada, produzindo assim a versão manifesta do sonho que, tomada em seu estado *"in natura"* não nos revela a verdade do inconsciente.

Graças ao advento da concepção do manifesto e do latente aplicada inicialmente nos fenômenos oníricos, esta passou a fazer parte de uma constelação mais ampla de compreensão de outros fenômenos ditos subjetivos, tais como, transtorno afetivo latente, transtorno latente de gênero, transtorno latente do pensamento, transtorno latente de conduta etc.

Seria, então, o sonho um movimento que tende a reproduzir diretamente as primeiras experiências de satisfação? Seria uma demanda inconsciente dirigida ao Outro, ao que se supõe ter o poder de mediar a recuperação das percepções das primeiras experiências de satisfação? Ou seria o movimento da procura do próprio objeto que foi perdido, qual seja, o objeto da falta?

Um vazio, o mesmo em torno do qual se estrutura tudo que é próprio do sujeito humano pode estar no certo do sonho.

Quando é dada a oportunidade de o próprio sonhador interpretar o seu sonho, assistido por um analista que o orienta, somente, por meio de pergunta, pontuando suas dúvidas, indefinições, ele conta com a oportunidade de poder transferir saberes do inconsciente relacionados, de um modo geral, com os conflitos, sofrimentos e sintomas.

O sonho é um instrumento muito poderoso na exploração do saber oculto sobre o desejo, ou, então, no que o desejo possuir de obscuro em termos de saber do inconsciente, posto que o desejo é sempre o desejo de outra coisa, quando não, é o próprio desejo do desejo do Outro. O desejo de ser desejado. Entre as possibilidades nos registros em que o desejo se funda, estas podem ser colocadas em questão.

Segundo o psicanalista, Jorge Forbes, de uma maneira bastante didática colocou bem a questão: "Você quer o que deseja?", "Cuidado, pois o seu desejo poderá ser atendido".[20]

Isso pode até soar estranho, mas é de fato uma verdade, qual seja, quando um sujeito quer uma coisa e o seu desejo é atendido, ele logo, em seguida, desiste do que conquistou, pois aquilo não era o que ele queria. Assim, pois, não teria ficado satisfeito com o que realizou!

São três os conceitos estão intimamente relacionados ao inconsciente e ao desejo, considerando a trajetória da psiquiatria e a psicanálise como "ciências do desejo", não no sentido estrito como se entende por ciência nos dias de hoje.

1. A necessidade, que na ordem animal corresponde a uma condição que é capaz de ser completamente satisfeita por meio de

20 Livro: Você quer o que deseja? Autor: Jorge Forbes, Editora Best Seller – RJ. Quinta edição, 2015.

um objeto. Na dimensão do "ser humano", como já sabemos, necessidade não pode ser satisfeita por nenhum tipo de objeto. Aqui não podemos esquecer das primeiras experiências de satisfação que ocorrem com os "recém-nascidos" que são desprovidos em absoluto de qualquer atividade psíquica de representação, ou seja, não há mecanismo pulsional em ação. Onde não tem trabalho de representação, não pode igualmente existir a pulsão, da mesma forma que, quando há pulsão, existe necessariamente trabalho de representação, pois essa é a sua verdadeira e única função no psiquismo humano: produzir trabalho de representação.

A pulsão é a energia vital do ser humano que, uma vez gerada no interior e na superfícies do corpo, é dirigida somente ao psíquico.

2. A demanda, que é um pedido inconsciente para a realização de uma satisfação encaminhado de um "ser humano" a um Outro, em que se acredita que ele possua a capacidade de dar uma resposta a que o demandante não sabe que sabe.

3. O desejo, cujo pressuposto é o de que o objeto que deveria dar satisfação ao "ser humano" foi de fato perdido para sempre. O que se sucede é que a falta deixada pelo objeto perdido funciona como causa de um movimento que tende a resgatar a percepção das primeiras experiências de satisfação. O desejo não seria outra coisa senão esse próprio movimento modo contínuo de desejar.

O desejo é por natureza sempre insatisfeito. Ele poderia ser compreendido como o próprio movimento da procura e do encontro do objeto faltante, ou seja, o objeto da falta, que realimenta o desejo.

É estrutural ao "ser humano" se organizar a partir de uma falta. A falta que decorre da perda do objeto que poderia dar satisfação ao "ser humano" é precisamente o que dá ensejo ao movimento causa de desejo. Então, o objeto da falta (movimento de perda) é o mesmo objeto causa da produção de desejo (movimento de produção).

Segue um belíssimo trecho de poesia sobre o desejo de Antônio Fernandes Aleixo, poeta português, que nos informa de um modo singular sobre a questão de o desejo ser de fato um movimento de causa de mais desejo. Os poetas, como já foi citado por mim, em outros momentos, possuem uma sensibilidade incrível para perceber e dizer com precisão de tudo que é próprio do "ser humano".

"Não lhe beijo e tenho ensejo
De um beijo lhe roubar.
Como o beijo mata o desejo,
O que quero é lhe desejar."[21]

A poesia seguinte é de 1937, uma obra prima do poeta brasileiro, Noel Rosa, que morreu muito jovem, aos 26 anos de idade, em função de haver contraído a tuberculose.

Meu Último Desejo [22]

Nosso amor que eu não esqueço
E que teve seu começo numa festa de São João
Morre hoje sem foguete, sem recado e sem bilhete
Sem luar e sem violão
Perto de você me calo, tudo penso e nada falo
Tenho medo de chorar
Nunca mais quero seu beijo,

21 Antônio Fernandes Aleixo, poeta português, 1899 a 1949.
22 Antônio Fernandes Aleixo, poeta português, 1899 a 1949.

Mas meu último desejo, você não pode negar
Se alguma pessoa amiga, pedir que você lhe diga
Se você me quer ou não
Diga que você me adora, que você lamenta e chora a
Nossa separação
E as pessoas que eu detesto,
Diga sempre que eu não presto,
Que meu lar é um botequim
Que eu arruinei sua vida
Que eu não mereço a comida que você pagou para mim.

Inconsciente humano

Inconsciente humano

O termo inconsciente humano é um pleonasmo, pois somente o "ser humano" é que possui essa instância psíquica denominada inconsciente. Os seres humanos possuem também as instâncias do consciente e do pré-consciente.

O consciente é a instância que permite ao sujeito a percepção imediata de suas próprias atividades psíquicas que se desenvolvem no palco da realidade. Corresponde à própria consciência de si mesmo, de sua singular existência, como um fato com que se vive e que não se pode explicar nem descrever. Ela não nos fornece a essência de nosso psiquismo, mas nos apresenta como uma qualidade momentânea de uma série de variações de níveis, manifestações incompletas, repletas de lacunas e falhas. Não se pode fiar na consciência dada à sua instabilidade funcional de manter o foco de forma plena e perene. Para Raymond Cahn "Embora a função do consciente não deixando de ser menos fundamental, ocorre com ele o mesmo que ocorre com a nossa vida: ela pode não valer grande coisa, mas é a única que temos".[23] Temo que nos haver com eles.

É justamente por causa disso que todo o objetivo da psiquiatria e da psicoanálise é o de traduzir os processos inconscientes, para preencher assim as lacunas de nossas percepções conscientes.

Desde o começo, Freud em seus estudos revelou-nos que a consciência e a percepção andam ligadas lado a lado. A consciência é, portanto, a responsável pela qualidade das percepções que provém tanto do mundo exterior quando do interior. Pelas características do consciente, as percepções da realidade não poderiam mesmo deixar de serem falhas.

O conceito de pré-consciente esteve presente desde o início da obra de Freud (1896), porém sua definição passou por algumas mudanças ao longo dela, até que ele encontrou a sua definição, apesar de o próprio Freud nunca a ter considerada suficientemente precisa. O pré-consciente só pode ser considerado em oposição ao inconsciente, pois eles são sempre duas forças contrárias. O pré-consciente é o antagonista do inconsciente. Um é separado do outro pela censura, pela barreira do recalcamento. O pré-consciente é o agente recalcante, pois ele é que fornece a energia para manter a representação recalcada no inconsciente. Sua força mantém a representação da coisa oculta e inacessível. Contudo, o pré-consciente funciona como uma espécie de inconsciente fenomenológico, o que o difere do inconsciente descritivo, pois o fenomenológico é acessível ao consciente e o descritivo não, Apesar de antagônicos, o pré-consciente assume uma função de intermediário entre os conteúdos recalcados do inconsciente e o seu frequente atravessamento no consciente. Enquanto o inconscien-

23 Membro titular e o mais antigo presidente da Sociedade Psicanalítica de Paris. Pesquisa e ensina o tema da Representação de si mesmo.

te funciona com os investimentos das representações de coisas dos objetos, o pré-consciente pode "relaxar a guarda", sempre que as representações de coisas dos objetos são "superinvestidas" de energia, por causa de suas ligações com as representações das palavras que lhes correspondem. Essa é a ocasião favorável para ensejar o atravessamento do consciente pelos atos antes recalcados. Esse atravessamento é parte da direção da cura, quando a transferência se dá no seio de uma experiência analítica, pois as representações das coisas vão ser relacionados com as representações das palavras suscetíveis de as dizer. Desta forma, o pré-consciente oportuniza a ligação entre as palavras e as representações das coisas recalcadas (conscientização dos problemas e dos conflitos em questão). Essa transposição em palavras é uma direção de cura por meio da experiência analítica com a transferência.

Os animais não possuem a instância inconsciente. Nem mesmo os animais domésticos possuem essa instância. Não possuem sentimentos, pois esses são atribuídos aos mesmos por nós, seres falantes, que os nominamos. Os animais também não possuem a consciência de si.

Eles vivem numa relação direta com a natureza e fazem uso de seus recursos naturais para se satisfazerem. Como não pensam, nem falam, logo somente são existências ou criaturas da natureza.

Eles vivem e sobrevivem na dimensão do Real, a dimensão da pura existência, valendo-se de seus reflexos neurais e de seus instintos inatos, que são uma espécie de inteligência que lhes confere a capacidade de auto regulação biológica, mais as vantagens adaptativas para competir, sobreviver, copular, reproduzir e perpetuar as espécies por meio dos princípios e recursos constantes do processo de seleção natural, conforme proposto por Charles Darwin, em a Origem das Espécies.[24]

24 Charles Darwin, nasceu e morreu na Inglaterra. 1809 a 1822. A origem das Espécies por meio da Seleção Natural.

> *Charles Darwin desinteressou-se do curso de medicina e seu pai o matriculou nos cursos de teologia e história natural na Universidade de Cambridge. Perdeu a sua mãe aos seis anos de idade. Fez uma viagem em volta do mundo com uma equipe de cientistas, no navio Beagle, oportunidade que teve para coletar espécimes fósseis de animais, de hominídeos e fragmentos de ossos humanos. As suas observações levaram-no a elaborar a teoria da evolução por meio da seleção natural das espécies, sendo esta contestada e combatida à época. Com receio de ser severamente punido, divulgou a mesma apenas para amigos mais próximos. Mas, como o britânico Alfred Russel Wallace estava desenvolvendo teoria similar, acertaram a fazer uma publicação conjunta das suas teorias, no ano de 1858.*

Galileu, Freud e Darwin receberam o reconhecimento de toda a humanidade por terem rompido paradigmas que mudaram a história do mundo, principalmente do Ocidente.

Após essa breve citação da vida e obra de Charles Darwin (1809 a 1882), retomemos a nossa explicação sobre o Inconsciente humano, com a pergunta de Lacan:

Como eram os "seres humanos" antes da descoberta do inconsciente por Sigmund Freud, em 1901?

A mesma coisa que hoje! Aliás, já eram seres humanos dotados de inconsciente desde quarenta mil anos AP (antes do presente), pois já eram nesta época seres falantes que pensavam com a palavra.

No Brasil, os seres humanos como tal, chegaram por volta de 20 mil anos AP.

Segundo Lacan, "o inconsciente é estruturado como uma linguagem".[25] E o mundo da linguagem é o mundo habitado pelo sujeito humano. O que quer dizer que ele só existe no campo da linguagem, no campo da fala e do pensamento, não sendo por isso, outra coisa senão o efeito da própria linguagem.

O próprio inconsciente humano manifesta-se por meio da linguagem, ou seja, por meio dos ditos involuntários que dele emergem inopinadamente, sem que tenhamos o menor controle sobre esse processo. E quando ele se expressa involuntariamente e intencionalmente é para interrogar o sujeito, no momento certo, e na forma certa em que ele deveria ser interpelado. Esta é, pois, uma das formas do inconsciente manifestar seus pensamentos e saberes. A hora e a forma de manifestação é ele que determina.

Essas manifestações ocorrem no seio de uma experiência analítica como também ocorrem sempre que falamos mais que devia, nos escorregões, nas derrapagens, nos equívocos, nos atos ditos falhos e nos lapsos de linguagem. Ocorrem sempre que o sujeito manca.

Se o consciente fosse uma caixa aberta, os sujeitos não suportariam uma experiência dessa magnitude com ele.

Nem tudo de nossa história de vida pode ser revelado e suportado pelo sujeito.

No inconsciente encontra uma estrutura aparelhada de significantes dos signos de linguagem que podem estar sob diversas condições como, em atividade, em vias de manifestação ou então bloqueadas pelo processo de recalcamento que constitui uma barreira de energia para que seu conteúdo não se manifeste segundo certas destinações possíveis. Como a tendência é a de seguir o vetor que vai do desprazer para visar o prazer, pois esse é o movimento do

25 Jacques Lacan, Seminário 11 – Conceitos Fundamentais. O Inconsciente Freudiano e o Nosso. Capítulo II. P 27. Zahar. Reimpressão 2008.

desejo, isso implica que ele vai do vazio para a produção de um trabalho de representação psíquica e a manifestação como pensamento, imagem, linguagem e ação, posto que materialmente a satisfação por objeto seja impossível.

Assim, a satisfação do desejo é possível, por exemplo, pelo sonho revestido de significantes, pela visão escópica cuja visibilidade também é dada pelo significante ou pela fala que é expressão psíquica do próprio significante (palavra falada), o sonho é composto da cena da imagem, cena do olhar, a cena ou o recurso da fala. É o desejo procurando se manifestar para produzir satisfação pulsional sem que seja exigida a presença do objeto de satisfação.

O que movimenta todo esse espetáculo de produção e exibição cifrada do desejo é a energia pulsional.

Um acontecimento interessante que se destaca, quando as manifestações do inconsciente ocorrem, é o seu caráter de condensação das ideias em um só conceito (metáfora) ou o deslocamento da ideia por contiguidade de palavras com sonoridades assemelhadas (metonímia).

Metáfora e metonímia são figuras de linguagem e o caráter delas é poder concentrar energia para romper as barreiras que impedem a manifestação do inconsciente.

Por tudo isso, o inconsciente não é outra coisa senão uma linguagem, cujo efeito é o sujeito.

O saber do inconsciente é sempre um saber verdadeiro, pois a verdade do sujeito se desvela à revelia do controle do mestre.

O inconsciente funciona como um discurso sem o mestre, isto é, sem aquele que manipula o discurso segundo os seus próprios interesses.

O inconsciente não se encontra especificamente em um lugar topológico do psiquismo humano. Ele se encontra no campo da experiência analítica.

E nesse campo ele ocorre num ato, que surpreende e ultrapassa a intenção de quem fala.

Sempre que o sujeito diz mais do que pretende dizer, ele deixa escapar a verdade (pensamento inconsciente).

Esse ato além de deixar escapar a verdade, revela o que estava oculto e faz emergir do inconsciente, mediado que é pelo pré-consciente, quando este é forçado a relaxar a sua guarda.

Mas, para que este ato produza o inconsciente e deixe escapar a verdade, é necessário que haja um outro que esteja escutando e reconheça a manifestação do inconsciente.

Para que o inconsciente exista num ato é necessário um outro ato, um sujeito que o reconheça.

E somente se consegue reconhecer um ato do inconsciente, quem já esteve nesta posição durante o processo de análise.

O inconsciente não existe pronto à espera de alguém que o decifre, mas ele surge no ato, quando se manifesta e é reconhecido por um outro que o escuta.

De fato, no ato que faz existir o inconsciente reconhecido por outro, num outro ato simultâneo, os inconscientes se tornam comum aos dois sujeitos (o do dito e o da escuta).

Assim, só se pode falar na existência do inconsciente no seio de uma experiência analítica.

Não é certo que o inconsciente exista fora da experiência da análise, como Freud chegou a cogitar.

Observe duas coisas que são diferentes.

"O inconsciente se manifesta na língua materna, porém, como afirmou Lacan, ele é estruturado como uma linguagem".

Lembre-se que língua é diferente de linguagem. Língua é a linguagem falada.

O inconsciente é estruturado como uma linguagem, mas a manifestação do inconsciente se dá na língua materna do sujeito em uma experiência analítica.

Após essa breve exposição sobre o inconsciente humano, quais os saberes que poderemos fazer uso em nossas vidas?

Vários saberes podem nos ser úteis a partir deste conjunto de concepções, como por exemplo, não podemos ficar fiados premissa que de que o ser humano funciona fundado em instintos, pois quem possui a função inconsciente, possui o efeito sujeito, e o sujeito não funciona fundado em instintos.

O que funciona com base em instinto é a existência animal. Já, o que é próprio do "ser humano" é a pulsão, que da mesma forma que o desejo é inconsciente, pois a pulsão além de constituir a sua força, ambos são "inconsciências errantes', ou seja, podem mudar de um segundo para o outro, sem pedir permissão ao consciente.

Possuímos uma atividade muito grande de pensamentos inconscientes e a eles não temos acesso nem controle. Nunca acredite possuir pleno controle de sua vida, pois não o possui. O inconsciente pode atravessar este controle, derrubar as suas certezas e lhe colocar desorientado, em conflito e sofrimento.

Quando representações do inconsciente emergem e expressam de forma inopinada por palavras e atos, há que se valorizar essas manifestações, pois constituem verdades do sujeito.

O inconsciente quando se manifesta é para interpelar, é para dar uma oportunidade de uma certa ficha cair.

Certa vez, perguntaram a um colega se o inconsciente não seriam uma espécie de vilão de nossa história, um chamado "dedo duro", que nos entrega para os outros sem que tivéssemos que ter a consciência prévia do que vem a acontecer conosco a cada instante que se segue.

Não sei se ele é vilão ou não. O que sei é que o inconsciente revela a verdade, que em outras condições, muito provavelmente, não teríamos a garantia de que ela viria a ser revelada.

E quanto mais você leva sua vida sem sintonia com a verdade, mais o inconsciente se manifesta para lhe interpelar de que a vida não pode ser levada de qualquer maneira, sem ter que arcar com algum tipo de consequência onerosa.

Infelizmente, as pessoas andam vivendo num contexto de muita licenciosidade e de muita falta de diálogo, um contexto de pouca fala e pouca escuta. Segundo o Papa Francisco, estes são problemas mais relevantes por que passa toda a humanidade.

Tomando como certo que o ser humano só existe na linguagem, necessitando que suas falas singulares sejam escutadas, só por isso, conseguimos explicar a magnitude da violência no dia a dia, a falta de generosidade, a falta de interesse pelo outro, a banalização dos vínculos sociais, a carência de um discurso que nos una e que nos mantenha juntos em torno de um projeto humano de vida.

Lacan, em 1965, ao contrapor os colegas do colégio médico da França, em Salpetrière, propondo a união dos mais diversos autores em torno de uma causa humana, afirmou: "Eu creio que o médico, o padre e o pastor possuem algo em comum, pois todos deveriam ser uns missionários".[26]

No entanto, vendo como as coisas estão ocorrendo neste mundo pós-moderno, tudo indica que missionários andam trilhando caminhos muito estranhos. E as consequências podem não desaguar em outra foz cujas águas não sejam as do amor, da paz e da união.

26 O lugar da psicanálise na medicina. Colóquio proferido por Jacques Lacan, no Hospital Salpetrière, para os membros do colegiado médico de Paris. 1965.

Pulsão

Pulsão

No capítulo anterior, mostramos o desejo do ponto de vista de Freud, que ao tema se dedicou com muito acerto, ao relacioná-lo com o inconsciente, cuja descoberta o levou também à invenção da psiquiatria de base psicanalítica. A psiquiatria de base psicanalítica existe porque existe o inconsciente.

Lacan já aborda o desejo ocupando-se menos com o inconsciente e mais com o desejo do psicanalista na relação da experiência clínica que ele conduz junto ao paciente, que está fundada na transferência dos significantes que o inconsciente de ambos coloca em jogo.

No momento em que fez esta opção doutrinária, ele estava necessitado e motivado a imprimir um acento singular em sua prática, na época, ocupada com o que ele poderia ensinar numa análise didática, como fundamento para a transmissão mais ampliada da psiquiatria de base psicanalítica, o que poderia ser pensado em termos de democratização do saber analítico.

Na realidade, à época, Lacan estava sendo pressionado por seus pares, que procuravam preservar o fundamento doutrinário que professavam , e, por isso, alegavam que Lacan estaria subvertendo a prática da psiquiatria de base psicanalítica em detrimento de seus interesses e crenças pessoais.

Que o Lacan estaria subvertendo a ordem em curso, quanto a isso não tenho dúvida. A natureza de Lacan sempre foi a da excentricidade, da subversão, da invenção e da genialidade.

Meu caro leitor, eu tenho uma afinidade com esta postura e aposta de Lacan, e não é sem razão, que não vejo problema na democratização da psiquiatria de base psicanalítica, pois a sua transmissão a todos que nela manifestarem interesse, desde que conduzida com técnica e zelo, podem ajudar a humanidade a se apropriar de saberes que ainda não foram transmitidos nem experimentados. E esses saberes quando bem aplicados impactam positivamente em suas qualidades de vida, sem representar sequer uma sombra do que poderia significar uma linha de que não temos o menor apreço, que é a da autoajuda. A autoajuda que não é senão um discurso consciente interessado behaviorista, com seus alicerces na neurolinguística, que é uma espécie de arranjo de manipulação e marketing. E que também não é desprovida do princípio de que sempre existirá uma saída para você tomar posse e se satisfazer com o objeto causa de desejo.

E dessa ousada e bem-sucedida aposta de Lacan, faz todo sentido incluir o saber sobre a Pulsão, pois a transferência que visa à atualização da realidade do inconsciente, não é uma simples imaginação, mas sim um ato, de onde o conceito de Pulsão é derivado.

Por isso, a transferência ao trabalhar com a Pulsão, acaba tornando-se ela própria no que há de mais prático e objetivo da psiquiatria de base psicanalítica: resolver problemas humanos.

A Pulsão é uma energia. Mas, não é nenhum tipo de energia que funciona na vida animal, seja na incidência sobre os reflexos, seja na incidência sobre os instintos animais. Como bem sabemos, o instinto é uma organização neural que se configura como uma inteligência inata dos animais, mais ou menos voltada para a auto regulação orgânica, para a luta, para a competição, para a copulação, para a reprodução, para a sobrevivência, para a adaptação e para a seleção natural.

Os "seres humanos" podem apresentar algumas estruturas e funções que compõem esse pacote que assegura o modo de funcionamento animal. Como por exemplo, alguns reflexos e alguns automatismos humanos.

Mas, se vocês perceberem, meu caro leitor, todas essas estruturas e funções que compõem os recursos animais diante da natureza e de outras existências, elas se referem às respostas que os animais põem em ação a partir de estímulos externos. Assim, ao serem estimulados por uma força exterior eles levam a efeito uma ação de afastar, fugir, enfrentar, mudar de posição no espaço.

Sobre estas respostas que constam de um programa inato ou adquirido como memória ou como um engrama fixados ou condicionados mediante a repetição e facilitação que têm origem com as experiências anteriores.

Mas, a Pulsão é outro modo de energia. Para começar, ela só ocorre no "ser humano". Ela é constante e permanente nas vinte e quatro horas do dia, enquanto o "ser humano" estiver vivo. Permanente e constante. Ela não é decorrente de nenhum estímulo exterior. Ela é gerada permanentemente e provém do interior do corpo em seus mais distintos componentes somáticos, incluindo pele, mucosas, órgãos e superfícies de percepções (zonas erógenas).

Dela não temos a menor consciência, ou seja, ela é inconsciente e funcional.

Há casos que podemos, no máximo, reconhecer os seus efeitos no curso de nossas vidas.

E o mais importante, a energia pulsional é apenas dirigida ao sistema psíquico do "ser humano". Podemos afirmar que ela flui por diversas vias, circula em várias direções, mas sempre se dirigindo às instâncias do psiquismo, entendido aqui no sentido funcional, muito mais que no topológico.

A Pulsão constitui o campo de energia da vida do "ser humano" e não guarda uma relação direta com as vias neurológicas da medicina de base orgânica, nem reproduz exatamente mecanismos bioquímicos ou fisiológicos, no sentido de ser simplesmente um corpo biológico.

É mais que isso.

Não desconhecemos nem recusamos o funcionamento dos neurônios, axônios, dendritos, membranas que polarizam, despolarizam, gerando campos eletroquímicos, que fluem protegidos pelas mielinas, quando existem, terminando-se em chaves que controlam os fluxos que são as sinapses, com seus receptores, neuromoduladores, que convertem o sinal eletroquímico, em químico, e novamente eletroquímicos para dar seguimento ao fluxo das correntes que resultaram em produções energéticas, tais como construção de movimento, de secreções exócrinas, endócrinas que também são transmissores de mensagens pela via da corrente sanguínea.

E, se ainda quiserem debitar mais em nossa conta, nós não recusamos a existência de ciclos aeróbios e anaeróbios de produção de energia para os trabalhos das mais distintas finalidades, os quais implicam enzimas produzidas no retículo endoplasmático e ribossomos, muitas outras organelas intracelulares (mitocôndrias), tudo isto gerenciado pelo comando genético dos ácidos nucléicos, DNA e RNA, que ao fim de tudo resultam, dentre outros, as pequenas moléculas que funcionam como baterias que carregam e descarregam energia fundamental aos processos vitais orgânicos (ADP/ATP, GDP/GTP).

Meus caros leitores, seria burrice estar eu aqui para recusar este maravilhoso aparelhamento celular que tantos conhecem, e temos provas claras e razões robustas para os considerá-los.

Mas, o que quero dizer é de uma outra gramática, que não é precisamente essa. É de uma outra gramática que mesmo guardando relação de pertinência ou não com essa, queremos abrir a todos vocês, abrir as mentes e as sensibilidades para compreenderem que o "ser humano" ou o "sujeito humano é muito mais que isso que a ciência tão bem nos mostrou, e da qual não temos dúvida.

Mas, o que quero lhes dizer é que há um sujeito esperando a quatrocentos anos para voltar para a sua casa. E esse sujeito somos nós, maior, mais complexos e distinto dessa maquinaria que funciona nas dimensões nano, micro e macro.

Estou dizendo de algo como uma saudade, um desejo, o perfume do "alecrim do cerrado que nasceu sem ser semeado", do um olhar de uma criança na Somália, pele-e-osso, de lindos olhos azuis e com sua fronte ferida e coberta de moscas biontófagas que comem sua carne e que botam mais ovos em suas chagas, afrontando nossos sentimentos doídos, mas que não pode nem consegue ser explicado por nenhum método científico, por mais que estejamos comprometidos com todas as suas verdades naturais.

É dessa coisa sensível, quase virtual do "homem" que queremos que vocês compreendam em outras cartilhas, mesmo que para isso tenhamos que reaprender quase tudo de novo.

João 16:33, citando Jesus fala de uma energia de "bom ânimo" da vida e que sobre ela teremos que cuidar para o bem do próximo (o outro). O que ele diz tem relação de pertinência com a pulsão: "Tenho vos dito isto, para que em mim tenhais paz, no mundo tereis sofrimentos, mas cuide de seu bom ânimo, para vencer o mundo que nos faz sofrer. Eu venci".[27]

A pulsão é a energia da vida cuja economia temos que lidar com ela para não nos perdermos no campo que vai do prazer a outra ponta, onde está nos esperando o gozo, a violência e a morte.

Na realidade, o circuito da energia pulsional não é uma questão de localização, tal como se concebe na neurologia (fluxo de íons que se propaga como uma corrente eletroquímica em filamentos neurais tipo axônio ou dendritos do modelo neuronal).

A psiquiatria de base psicanalítica trabalha com um modelo virtual de campos energéticos que não guarda correspondência com os modelos anatômicos das medicinas de base orgânicas ocidentais.

O modelo é o de um campo de energia que gera efeitos de linguagem, sendo o sujeito humano apenas os efeitos e não o corpóreo ou, simplesmente, a imagem em si.

Há uma virtualidade no modelo do sujeito humano segundo a psiquiatria de base psicanalítica, e nesta virtualidade é que ele tem sentido e funciona.

O corpo do sujeito humano da psiquiatria de base psicanalítica é um corpo pulsional, um corpo de energia que se manifesta pela linguagem falada, seus recursos e efeitos, que são muito mais em relação ao que temos imaginado.

---

27 João 16:33

A psiquiatria de base psicanalítica tem procurado construir modelos de algumas funções do sujeito humano, em conformidade com os fundamentos da geometria pós-euclidiana dos corpos deformáveis e dentro da matemática topológica. Estas só servem para facilitar a compreensão dos saberes, mas nunca para representar nenhuma materialidade ou a lógica dos fatos.

Do ponto de vista prático, digamos, mais objetivo, de que forma os saberes sobre as pulsões podem nos ajudar em nossas vidas e nas vidas de nossos semelhantes?

Caro leitor, esta é uma pergunta de ordem prática muito importante, por isso cuidarei de respondê-la, já de imediato.

Vou dar vários exemplos, vamos começar por este que se segue:

Muitas pessoas podem até saber distinguir o que é do ponto de vista biológico a sexualidade e o que é a sexualidade do ponto de vista humano, mas isso fica pensado puramente no campo teórico, no campo do conhecimento. Porém, na prática, contudo, elas não conseguem viver segundo a tese que elas professam sobre a sexualidade humana.

A realidade do inconsciente pulsional, é uma realidade sexual. Mas de que sexualidade é esta de que estamos tratando?

Não se trata, é claro, da sexualidade biológica, pois esta é própria da existência animal, voltada que é para a cópula e para a reprodução. Trata-se da sexualidade social cuja realidade tem a ver com o modo humano de ser, funcionar e ser efeito da linguagem.

Mas, por mais que seja um absurdo, vamos supor que um casal humano acreditasse ser possível viver a realidade da sexualidade biológica, puramente animal. "Um casal que saísse a esmo por aí, "comendo e dando" para todo mundo que quisesse ou encontrasse em seu caminho".

Imagine esse casal humano que pautasse sua vida com base, então, nesta concepção. A vida deste casal seria pautada pela inviabilidade, pela anomia, pela licenciosidade, pela agressão a todos os outros, pelo assédio, pela posse do outro como objeto, pelo estupro, violência e morte.

Num "acasalo" sem regra social , a mulher não existiria. Ela seria substituída por um objeto de satisfação a mais. Ela representaria o objeto de satisfação impossível. Ela seria "um objeto de posse" do outro e nada mais. Seria uma fêmea e não uma "mulher".

Isso teria como desfecho a inviabilidade social completa, a violência, o sofrimento e a morte.

Um casal assim sem a "humanidade", sem relação social, aliás, sem relação alguma, já que a relação da cópula, não é uma relação que por si só seria capaz de definir "o homem e a mulher".

O que teríamos aqui seria, a transgressão do ser, social, moral; a inviabilidade da "singularidade" humana, no que ela possui de mais autêntico e verdadeiro.

"Um casal assim, sem o veto da castração social", jamais poderia ser a célula de uma organização familiar e social.

"Não podemos dizer que condições assemelhadas a esse quadro de sodomia não ocorre pontualmente, todos os dias, aqui e ali, terminando sempre em estupro, violência, homicídio, sofrimento e dor".

Abra o jornal de hoje, quantas vezes o que eu acabei de exemplificar não acontece todos os dias? No Brasil, são mais de sessenta mil mortes causadas por homicídios, que é uma forma de descartar pessoas, nestes tempos em que a vida humana está banalizada. E quem morre pode ser você, sua irmã, sua filha, sua sobrinha, somente citando aqui o gênero feminino. Quantas vidas não se acabam assim, em todo o mundo, pois o "ser humano" é o mesmo em qualquer lugar. O nosso País, contudo ocupa, o quinto lugar mundial em feminicídio. Das mulheres brasileiras que morrem a cada ano de morte violenta (acidente, suicídio, homicídio), 60% morrem pelas mãos de seus maridos ou companheiros, os seus supostos "donos ciumentos".

Olhem as cadeias brasileiras, superlotadas de pessoas que guardam relação com as dificuldades que possuem na administração de suas economias energéticas pulsionais, a energia da vida e da morte, que são próprias do "ser humano".

"O que será que será? Que vive nas ideias desses amantes, que dá dentro do peito e não devia, que está na fantasia dos infelizes, que está no dia a dia das meretrizes, que está no plano dos bandidos, dos desvalidos. E mesmo o Padre Eterno que nunca foi lá, olhando aquele inferno vai abençoar. O que não tem sentido".

Observem como os poetas podem nos ensinar muito mais e melhor, incluindo com a estética que fala diretamente com as nossas almas humanas.[28]

Além da concepção de sexualidade biológica, própria da existência animal, existe a concepção da sexualidade social que é própria da condição humana, por ser fundamentada na filiação, na aliança e na vinculação social com os outros "seres humanos".

Uma relação que é fundamentada na filiação, quer dizer: ser fundamentada na vida, na transmissão de um nome, isto é, na transmissão de um significante de um sujeito para outro.

Para o psiquiatra e psicanalista Jacques Lacan, a Pulsão é uma forma de energia vital ocupada e fundada na passagem de um nome de uma geração para outra.

A sexualidade social tem a ver com aliança, vínculo, discurso, elo social; transmissão do nome, da cultura, do significan-

---

28 O que será que será? (A flor da terra). Partes da letra. Chico Buarque, 1976.

te. A sexualidade social reconhece o amor e o amor reconhece a sexualidade social.

Porém, o mesmo não acontece com a sexualidade animal, onde o sexo biológico não pode reconhecer o amor, e, nem há amor para ser reconhecido na sexualidade biológica.

Amor de transferência

Amor de transferência

O que uma pessoa pode transferir a uma outra por meio da fala? Quem é a pessoa que transfere e quem é a pessoa que recebe? Qual é a relação que existe entre a pessoa que transfere e a pessoa que recebe algo transferido na fala? De qual lugar do psiquismo humano provém as mensagens que são transferidas de uma pessoa para a outra? Com qual finalidade duas pessoas que dialogam transferem e recebem as mensagens?

Qual a diferença entre uma transferência em uma situação analítica e uma transferência fora desta situação analítica?

Transferência é sempre um sinal de "amor"? Quando é? Quando não é?

Vamos falar, então, sobre esse assunto neste capítulo do livro...

Bem. Basicamente existem dois tipos de transferências. Uma, a transferência como simples fenômeno da vida cotidiana, que nada tem a ver com a análise. Outra, é a transferência da experiência analítica.

Quanto à primeira, a transferência como um acontecimento da vida diária, ela é uma falta de respeito com o "ser humano", pois mais atrapalha que ajuda. E é justamente o contrário do que deveria acontecer: muito ajuda quem não atrapalha.

Este tipo de transferência só serve para aborrecer os outros, pois surge disfarçada nos mais contraditórios sentimentos. Os elos entre as pessoas são afetados e ficam distorcidos. A comunicação entre as pessoas é bloqueada o tempo todo. E quando se consegue, ela só se avança aos "trancos e barrancos".

Geralmente, quando este tipo de transferência ocorre pode ser um sinal de que uma pessoa quer agradar uma outra com a intenção de manipulá-la para alguma finalidade que ela tem em mente e que a manifesta consciente ou inconscientemente.

Ela é encontrada entre pessoas dos mais diversos níveis, e nas mais diversas áreas de atuação, a exemplo de líderes, técnicos, educadores, políticos, empregadores, empregados, sindicalistas, clientes, fornecedores, eleitores, pacientes, alunos, comunicólogos etc.

Já, a transferência na situação analítica, ela é sempre um "sinal de amor".

"Transferência é amor! Por que eu deveria eu amar uma pessoa assim, que mal conheço?"[29]

Ao ter que lidar com os conflitos por meio da experiência analítica com a transferência, muitas pessoas desistem, outras seguem as orientações dos mais experientes e algumas repassam o encargo para os especialistas (que podem ser psiquiatras e psicanalistas).

29 Jacques Lacan. Conferência de Louvain, Bélgica. 1973.

Existem pesquisadores que dedicam suas vidas a estudar o porquê de existir entre as pessoas, muitas delas com tantas falas e tantos comportamentos erráticos. Nesta classe de pesquisador, meu caro leitor, tomo a liberdade para lhes revelar que me incluo precisamente nela.

Se alguém quer ter algum sucesso com a transferência apostando na atualização do inconsciente do outro, tem que haver algo mais que uma simples crença na imaginação, na razão, na ciência e no amor.

Por isso, precisamos saber como funciona a transferência na situação de uma experiência analítica, pois aqui temos que contar com o recurso da intersubjetividade.

Transferência implica dois sujeitos: o analisando (paciente) e o analista (especialista). Entre os dois uma experiência com a transferência deverá ser estabelecida. Em geral, quando um sujeito busca ajuda junto a um analista é porque ele está sofrendo e o sofrimento dele está interferindo em sua vida de uma forma negativa. Até, então, o analista sequer sabe o nome do analisando. Não conhece sua história, suas estórias, o motivo de seu sofrimento, nada mais.

O analisando está sofrendo e buscou ajuda junto a um analista e o selecionou dentre outros, não sabemos o que motivou a sua escolha (indicação de conhecido, nome na lista, proximidade de sua residência, proximidade de seu trabalho, preferência por um analista homem, preferência por uma analista mulher, preferência por um analista jovem, preferência por um analista mais velho, preferência de um analista professor, bateu na primeira porta etc.).

Após a entrevista preliminar, o analisando decide se vai continuar ou não.

O que está em jogo entre os dois sujeitos é a possibilidade de ocorrer uma transferência e junto com ela, a manifestação dos significantes que emergem do inconsciente do analisando para o analista, que conta com esta experiência clínica como um instrumento para lá de essencial, a palavra falada em livres associações.

O êxito da transferência acontece quando o analista é bem sucedido e consegue auscultar as mensagens que se encontram na forma de atos recalcados que funcionam sem parar na instância psíquica do inconsciente do analisando. Atos que são recalcados e que, por isso mesmo, ainda se encontram ocultos e secretos para todos.

A palavra falada provém da fala do analisando e ele a expressa vinda do consciente, pré-consciente e inconsciente.

Os significantes que provém do inconsciente são expressos de maneira involuntária e inopinada por parte de quem fala, entremeados de outras falas e manifestações do consciente, pré-consciente e do próprio inconsciente.

Em geral, o paciente faz uma aposta e deposita uma crença no saber do analista, supondo que ele já sabe de tudo, ou quase tudo, que está acontecendo com ele (o analisando), e, assim, poderia reunir as condições de o ajudar a sair da situação embaraçosa, conflituosa e outras mais que possam estar implicadas ao seu sofrimento.

Como o inconsciente, que é a instância mais importante dado que controla todas as outras, e ele não está de portas abertas à livre expressão de seus conteúdos significantes, a transferência é tanto uma possibilidade quanto uma resistência ao desenvolvimento do processo da análise. Outro dado muito importante é que para o analisando é muito doloroso suportar certos conteúdos significantes que são capazes de produzir momentos de intenso sofrimento, ansiedade, angústia e dor, em plena experiência de análise.

Contudo, se ele não passar por esse processo de atualização do inconsciente, ele não ficará livre dos sofrimentos e dos sintomas que o perturbam para sempre, com a tendência de sempre piorar.

Durante a experiência analítica por meio da transferência, que é a única direção que leva a cura, o analisando fala e diz muitas mentiras, fantasias, estórias falsas, distorcidas, que são mecanismos inconscientes de bloqueios e de resistências naturais que possam livrá-lo dos sofrimentos que terá de reviver e suportar, para os quais sempre sobra uma ponta de percepção do que está por vir.

Ao analista não importa se o analisando está dizendo a verdade ou se ele está dizendo coisas falsas, mentirosas e muitas fantasias. O importante para o analista é procurar o que o motiva a distorcer tanto o seu pensamento, ou seja, de fato o que ele está evitando com este artifício inconsciente. Isso é o que mais interessa que seja revelado numa análise para que possa ser apontado para o analisando a direção da cura analítica, que é a cura pelo recurso da palavra.

Aos analistas não cabem desmentir o analisando para que ele fale logo a verdade, pois esse não é o lugar do analista. O lugar do analista é o lugar de quem não sabe, pois só quem não sabe é que de fato poderá ajudar o analisando a saber de fato qual é a sua verdade, a sua fantasia, a sua música, o seu filme, a sua história.

"Quando soube que tinha um câncer no intestino, Lacan se recusou a tratar. A Judith, sua filha, que lhe pedia para explicar o motivo de sua escolha, ele respondia: "Porque essa é a minha fantasia". [30]

Se o paciente autoriza o analista a ocupar o lugar de seu pai ou de sua mãe, então, este se investe de autoridade para atualizar o inconsciente em questão.[31]

30 Catherine Millot. A vida com Lacan, 2017. Zahar Editora.

31 Freud, 1930.

Na experiência analítica com a transferência, o analista passa a ocupar o lugar de nada saber em nome do paciente e procura escutar a sua fala em todos os seus detalhes e associações com outras falas já ditas pelo mesmo.

Somente quando o paciente em plena análise fala mais do que devia, é que se torna possível que ele seja atropelado pela própria fala, e, assim é que ele derrapa, falha, manca, e diz tudo o que não tinha a menor intenção de dizer.

E nesta fala, dita na voz de quem sofre é que o analista pode apontar a direção da cura do transtorno mental que aflige em demasia o paciente, fazendo-o sofrer.

O que se pode escutar, apreender, resolver e curar por meio desta técnica com a fala de quem sofre, na situação da experiência analítica com a transferência, não se pode alcançar este mesmo êxito por nenhuma outra via, até hoje conhecida.

Por isso, é que a análise de fato pode ajudar na direção da cura e é o único método que mais resiste aos tempos, dentre todos os outros que já foram experimentados e aplicados, até o presente momento.

Somente quem já experimentou os benefícios de uma experiência analítica com a transferência é que pode saber o quanto ela é prática e benéfica para a direção de cura dos transtornos mentais.

Fantasia

Fantasia

Muitas pessoas possuem dificuldade de viver segundo os ditames da realidade dos fatos, tal como eles se apresentam para elas. Em consequência, tais pessoas experimentam e vivenciam grandes mal-estares e estranhamentos diante do que a realidade se lhes apresenta. Para evitar e resistir a uma realidade impossível de ser vivida, elas criam uma realidade possível de ser vivida, mediante o uso de recursos imaginários e simbólicos, representados pelas fantasias. O resultado é uma realidade formada a partir de pensamentos e percepções distorcidas. Neste caso, elas trocam a realidade fática impossível de ser vivida por uma realidade psíquica perfeitamente possível de ser vivida, o que não ocorre sem grandes distorções do pensamento e da percepção.

Assim, a fantasia pode ser conceituada como uma produção mental que busca a obtenção de um acordo entre a vida segundo o princípio do prazer e a vida segundo o princípio da realidade.

Muitas pessoas têm dificuldade em lidar com as situações e os objetos da realidade, pois sentem muito desconforto com a vida segundo o princípio da realidade, sendo muito difícil para nós mapearmos os motivos que cada um possui, em sua singularidade. Muitas pessoas também têm dificuldade sentimentais de levar suas vidas com escassez de prazer. Se por um lado a vida não se sustenta sem o prazer, por outro existe uma realidade social que possui regramentos sobre a forma de obtenção e manifestação do prazer.

Se vivemos entre um princípio que reclama prazer e um outro que regra o prazer, a solução só poderia se localizar no equilíbrio entre a busca do prazer e a realidade de onde o prazer é buscado.

É aí que se produz a fantasia, ou seja, uma realidade psíquica que não reclama por prazer para contrapor à realidade fática.

A fantasia é um fenômeno complexo, a começar que ele não é sinônimo de mentira, como é comum de ela ser concebida pelos leigos. No íntimo de cada "ser humano" há uma estória criada que o acompanha por onde ele anda levando a sua vida com dificuldade de conciliá-la com a realidade fática, concreta, objetiva. É como se fosse criado um livro de bolso que o sujeito carrega para todos os lugares por onde vai, tendo o cuidado de saber onde e quando ele poderá abrir as suas páginas e apresentar as estórias do modo que ele dá conta de contar.

Um equilíbrio assim arranjado faz com que o sujeito possa viver e aliviar suas tensões. Há que se ter um manejo cuidadoso entre a obtenção do prazer e a imposição da realidade.

A fantasia cria uma realidade psíquica que, ao mesmo tempo, tem de conviver com a realidade dos fatos. Com isso, os "seres humanos" vivem, sofrem, amam e morrem sem saber que boa parte de sua vida se passou encoberta por um véu de realidade psíquica. Assim, cada "ser humano" vive a sua vida de acordo com uma mescla de realidades, o que a torna suportável.

A fantasia pode ter origem na função de substituir uma satisfação real impossível por uma satisfação fantasiada possível. Em que medida somos levados a viver uma vida do faz de conta, pois diferente do que a fantasia proporciona, poderíamos sustentar que "A vida é bela?"[32]

A fantasia passa a ser uma encenação psíquica da satisfação de um desejo que é impossível de ser satisfeito na realidade. O que disso decorre é que a fantasia também passa a ser uma defesa para que o desejo continue não sendo satisfeito, mas, ao mesmo tempo, a fantasia não deixa de ser também um novo estímulo para que o desejo insatisfeito venha a ser estimulado para insistir em se realizar.

Sobre a fantasia que tem sua origem no inconsciente, ela provém de um desejo recalcado que se manifesta de súbito, sem ser percebido pelo consciente, funcionando como um suspiro ou uma válvula de escape.

Este tipo de fantasia tem uma apresentação muito distinta da manifestação do sonho, mesmo sendo ambas igualmente manifestações do inconsciente. O Sonho que é uma solução de realização de um desejo e a fantasia que é a substituição de uma satisfação real impossível por uma outra satisfação fantasiada possível.

Acontece que no sonho, a apresentação é comparável a uma projeção cinematográfica, rica em seus detalhes, contendo movimentos, cores, figurantes vívidos, sons e cenas que prendem a atenção do sonhador que sonha aquele sonho.

32 Filme italiano, "A Vida é Bela", produzido, em 1977. Roberto Benigni é diretor e ator. Pai e filho estão presos em um campo de concentração nazista e o pai cria uma estória do contexto para poupar o filho tomar ciência do sofrimento que aquele horror enseja.

Já na fantasia, a apresentação da cena fantasiada é obscura, opaca, sem cores vivas, sem movimentos definidos, quase não sendo possível identificar os figurantes. Contudo, o que é comum na fantasia é o despertar de grandes sentimentos e emoções. A fantasia é uma produção para ser sentida, não para ser assistida como espectador. É como quem produz a fantasia fosse cego para as cenas de sua própria fantasia.

Já com o sonho, é uma manifestação de desejo inconsciente recalcado, para ser assistida como um espetáculo de cores, luzes, movimentos, ação, reação, imagens sempre surreais, som, com roteiros e cenários caprichosamente elaborados para você se extasiar sem estar compreendendo a lógica do conteúdo manifesto, ao que você poderá ter algum acesso, no seio de uma experiência analítica, por meio dos relatos que vier a elaborar. No sonho, o trabalho de representação da pulsão é a imagem em questão e na fantasia, o trabalho de representação é o sentimento afetado.

Sinthoma

Sinthoma

Para a medicina de base orgânica, sobretudo, a medicina ocidental, o sintoma é um conjunto de queixas que os médicos recebem dos pacientes, e que delas se servem para formular, com base em seus conhecimentos e experiências, os diagnósticos das enfermidades dos mesmos, a partir do qual, elaboram um plano de tratamento, que inclui o acompanhamento, a evolução e a cura.

Para que tudo isso aconteça, a medicina de base orgânica dispõe de um arsenal tecnológico de exames, testes, provas, imagens, registros gráficos, filmagens do interior do corpo, medicações, monitoramentos locais ou à distância, cirurgias, robótica e muito mais.

A tecnologia médica atual é muito avançada e possui soluções de grande eficácia, o que permite prolongar, recuperar e melhorar a qualidade de vida das pessoas, com segurança.

Por outro lado, a concepção do sintoma do ponto de vista da psiquiatria de base psicanalítica é completamente outra, meu caro leitor. Ela será explicada daqui para frente, neste livro.

Antes de explicá-la, contudo, peço sua licença para lhe relatar um fato que levou a uma radical mudança da abordagem da medicina de base orgânica, no que concerne aos mais diferentes tipos de adoecimento mental.

A atenção dos médicos em relação aos aspectos mais subjetivos da vida, o que chamamos de a humanidade dos homens e mulheres, sobretudo, no mundo ocidental, era muito dedicada e importante.

De fato, podemos dizer que eram eles, os médicos que cuidavam de homens e de almas.

No entanto, toda essa história mudou, quando foi deflagrada a Primeira Guerra Mundial (1914 a 1918).

O que se viu em termos de barbaridade, de atrocidade e de desumanidade foi um dos acontecimentos mais horrendos que a humanidade conheceu, sobretudo por inaugurar uma modalidade de guerra mais mortífera e cruenta. As armas químicas, como os gases letais, exterminavam milhares de soldados, quase que instantaneamente, o que contribuiu para assinalar o clima de terror com que o século se iniciava.

A sobrevivente do holocausto, Nanette Blitz König, relata em seu livro o que uma vivência como esta é tão horrenda que não se consegue explicá-la com a palavra. Ela afirma:

> *"É muito difícil de entender como que o ser humano tem um lado tão cruel e não se sente nem um pouco culpado por isso e por aquilo que fez e faz. Quando no campo de concentração, eu vi a feição nos rostos de meus pais eu sabia que tudo iria*

mudar de um dia para outro. É muito difícil compreender como homens e mulheres podem ser doutrinados por um líder perverso como Hitler para fazer o que eles fizeram com milhares e milhares de seres humanos. Todas as pessoas que, porventura, ficarem sabendo o que no holocausto aconteceu, possui a obrigação humanitária de condenar com veemência e divulgar tudo o que souber de brutalidade e violência que lá aconteceu. Não foi pouca coisa o que aconteceu e alguém tem que dar voz a isso. O campo de concentração é um lugar onde você luta para viver a cada instante."[33]

As primeiras consequências do holocausto dizem respeito à descrença na humanidade do homem, à banalização da vida e à crueldade humana com sua pulsão de morte.

Freud e outros psiquiatras, como Carl Jung, desenvolviam métodos para ajudar as vítimas do adoecimento mental decorrentes do horror das novas e cruéis modalidades de exterminar o próximo. Freud foi perseguido por criticar o uso da razão e da ciência no desenvolvimento de projetos mortíferos capazes de exterminar milhares de pessoas em um curto espaço de tempo.

Em 1915, Freud escreveu "Considerações sobre a Guerra e a Morte", no qual apresentou sua análise sobre o Estado germânico que usava a modernização da tecnologia não para o combate, mas para a morte. Freud afirmava em seus escritos:[34]

"A guerra, em que não queríamos acreditar, instalou-se e trouxe consigo a decepção. Não só é a mais sangrenta e mais mortífera do que todas as guerras passadas, por causa do aperfeiçoamento

33 Livro: Eu Sobrevivi ao Holocausto. Autora, Nanette Blitz König. Editora Universo dos livros. 2015. Nanette é holandesa, uma das últimas amigas vivas de Anne Frank.

34 Freud, 1915. Considerações sobre a Guerra e a Morte".

das armas de ataque e de defesa, mas, pelo menos, tão cruel, exasperada e brutal como qualquer uma delas. Infringem toda a sorte de restrições a que os povos se obrigam nos tempos de paz. Não reconhece os privilégios dos feridos e dos médicos, nem a diferença entre a parte combatente e a pacífica da população, e viola o direito da propriedade. Derruba, com ódio cego, tudo o que lhe aparece pela frente, como se depois dela já não houvesse de existir mais nenhum horizonte, nenhum futuro e nenhuma paz possível entre os homens. Desfazem-se todos os laços de solidariedade entre os povos dos países combatentes e ameaça deixar atrás de si um rastro de enfurecimento que, durante muito tempo, dificultará o reatamento de tais laços de humanidades".

Terminada a Primeira Grande Guerra, em 1918, Sigmund Freud escreveu uma carta ao seu amigo, Albert Einstein, mostrando a solução pensada por ele para minimizar a exasperação entre os povos em litígio.[35]

"A partir de nossa doutrina sobre as pulsões, achamos facilmente uma fórmula que contém os meios indiretos de combater a guerra. Se a disposição para a guerra for um produto da pulsão de destruição, o mais fácil será apelar para o antagonista desta pulsão, para o Amor. Tudo o que estabelecer laços afetivos entre os homens deve ser levado em conta para atuar contra a guerra e contra a morte. Estes laços podem ser de dois tipos. Primeiro, os vínculos análogos aos que nos ligam ao objeto do amor, embora sem objetivos sexuais, o amor filia. A psiquiatria de base psicanalítica não precisa de se envergonhar, quando aqui fala de amor, pois esse amor é o amor de transferência. Sei que é fácil de exigir, mas difícil de realizar. O outro tipo de laço afetivo é o que se leva a cabo por identifi-

35 Sobre a Guerra e a Morte. Carta de Freud a Einstein, 1918.

cação. Tudo o que estabelecer importantes elementos comuns entre os homens, despertará sentimentos de comunidade de amizade e de identificações. Neles se baseia, em grande parte, a estrutura da sociedade humana."

Quanto às movimentações do povo germânico, na primeira guerra Hitler participou como soldado. Já, na segunda guerra ele foi o seu líder absoluto. Ainda quando esta guerra estava em preparação, Dr. Freud e sua família eram abordados, questionados e molestados com muita frequência.

Em 1933, na praça da Ópera de Berlim, os livros que eram considerados antinazistas, incluindo, por óbvio, a coletânea de livros e os escritos avulsos de Freud foram todos queimados em um ato público ordenado pelo próprio Hitler.

Em 1932, percebendo que a situação se tornara muito crítica, incluindo o episódio da prisão por um dia de sua filha, Anna Freud, aconselhado que foi pela princesa Maria Bonaparte (analisanda e, depois, analista), Freud se exila para Londres, onde continuaria clinicando até a sua morte.

Freud morreu em 1939, ano em que começou a Segunda Guerra Mundial. A morte se deu por uma injeção letal, autorizada por ele ao seu amigo, pois não mais suportava as dores de um câncer que possuía em seu palato.

Em 1939, começa, então, a Segunda Guerra Mundial, muito mais feroz e cruel, sendo esta comandada que foi pela liderança absoluta de Adolfo Hitler.

O capitalismo seduzido pela grande janela que se abriu com o término das Guerras Mundiais, inaugurando-se uma nova era, uma nova ordem, o chamado "mundo novo", que investia pesadamente, sem as formalidades de praxe, que também se extinguem-se nos ambientes de exceção, na indústria química e farmacológica, sobretudo, nas produções de fármacos psicoativos.

Assim, todo o contingente de doentes mentais (ansiosos, angustiados, traumatizados, depressivos, alienados, adictos, fóbicos, delirantes, paranoicos, esquizoides, histéricos, conversivos, maníacos, bipolares, alucinados, infelizes, dissociados, desmemoriados, estressados, desorientados) juntaram-se aos demais cidadãos igualmente afetados (pobres, reacionários, amputados, suicidas, alienados, improdutivos, desequilibrados, abandonados, desamparados, perdidos, descrentes, envergonhados, desvalidos, mortos-vivos) sendo todos confinados nos depósitos de gente, que a cada ano, conforme outras conveniências de Estado, o número deles aumentava.

E a terapêutica para todos esses doentes mentais, vítimas das guerras e do pós-guerras reduzia a um pequeno grupo de fármacos que estavam em disponibilidade, quando possível e conveniente.

Eram todos eles anticonvulsivantes, neurolépticos, hipnóticos, analgésicos, anestésicos, eletrochoques, camisas de força e cárceres.

A verdade, é que fizeram a vida humana se tornar banalizada, desinvestida, desacreditada, sem valor.

O melhor remédio que passou a ser importante era aquele que fazia a pessoa calar, dormir, apagar, ficar quieta, não criar mais problema que já havia criado.

Assim, meu caro leitor, por isso chegamos até aonde estamos! A humanidade caminhando sem saber o que cada um é, o que cada um quer e o que cada um sabe de si e do outro.

Se é do fundo do poço que é possível reerguer-se, então, vamos todos abraçar a causa humana para reverter esta história, de certa forma bastante perdida.

Não é sem razão, caro leitor que escrevo este livro, posto que de fato como médicos psiquiatras somos todos missionários!

Voltemos à questão do sintoma, que para o médico é o lugar que ele toma como seu ponto de partida para construir o diagnóstico e, em seguida, concluir o tratamento e a expectativa de cura, pois a direção do médico é alcançar a cura da doença, ou seja, extinguir o sintoma que ela provoca.

Para a psiquiatria de base orgânica e a psiquiatria de base psicanalítica, a condução é diferente, não digo que seja a melhor ou a pior, pois não podemos comparar suas eficácias, já que cada caso é singular ao corpo e ao sujeito que sofrem . Assim, caro leitor, compreende que não há como estabelecer qualquer termo de comparação, pois se trata de duas abordagens distintas e específicas a cada caso.

A começar que para a psiquiatria de base psicanalítica não temos como finalidade extinguir para sempre o sinthoma. Para ela, o sinthoma não constitui o problema, pelo contrário, pois ele é o que há de mais verdadeiro em um "ser humano". O sinthoma, por isso, é precisamente o que o "ser humano" repete ser. Ou mais exatamente, o sinthoma é o próprio sujeito humano. A psiquiatria de base psicanalítica não objetiva a cura do "ser humano" dele mesmo. Em outras palavras, ela não medicaliza a vida das pessoas, seja com qual instrumento for, a não ser, por óbvio, o uso da palavra, que é o equivalente da medicação.

Por isso, a psiquiatria de base psicanalítica propõe denominar os conceitos utilizando-se de termos distintos: Sintoma (termo da psiquiatria de base orgânica) e Sinthoma (termo da psiquiatria de base psicanalítica), este último, é o que constitui o conteúdo deste capítulo.

O principal instrumento de que a psiquiatria de base psicanalítica dispõe para curar é a palavra, porém não é qualquer palavra. É a palavra plena, aquela que vem do inconsciente, ou seja, bem distinta de qualquer blá-blá-blá interessado do consciente. Daí a expressão de Lacan que a "A cura nasce na voz de quem sofre".[36]

Da mesma forma, a psiquiatria de base psicanalítica não dispõe a curar qualquer tipo de enfermidade, mas apenas as mentais e, sobretudo, as neuroses, que são as mais comuns entre todas elas. Sempre fazendo o uso da palavra, da associação livre de palavras, que são ditas pelo inconsciente. Ou seja, não é qualquer palavra que nos revela o Sinthoma. A psiquiatria de base psicanalítica não cura o Sinthoma, até porque ele representa os sinais de um caminho cuja trilha não podemos perder nem abandonar.

Embora não seja a psicofarmacologia a maior aposta da psiquiatria de base psicanalítica para a direção da cura, que é diferente da direção da ordem do paliativo, ela não recusa o uso dos medicamentos, até porque há quadros que necessitam ser suprimidos, como primeira abordagem dos pacientes.

Cada pessoa é o seu próprio Sinthoma, mas é possível atualizar os inconscientes para que os Sinthomas deixem de ser fonte de sofrimento. Essa atualização é feita por meio de transferências de afetos, desejos, frustrações, medos, sentimentos, emoções do paciente para os psiquiatras.

Os seres humanos não precisam sofrer tanto para viver. A vida é possível com menos sofrimento. Há Sinthomas melhores para serem chamados de a Nossa Vida.

O Sinthoma é uma produção inconsciente por parte do sujeito humano. Sendo assim, ele produz, mas não tem a menor consciência de que o está produzindo. Ele é a porta de entrada para uma experiência analítica, pois ela começa sempre por ele.

---

36 Jacques Lacan, "a cura nasce na voz de quem sofre".

O Sinthoma não é percebido pela própria pessoa que o produz para vivenciá-lo, pois cada ser um humano é um Sinthoma. Ele é a própria verdade na vida do "ser humano". Cabe ao analista, no seio de uma experiência de análise, vir a saber qual é o Sinthoma de seu paciente, porque ele jamais o descobrirá por conta própria (que alguns ousam a chamar de descoberta por meio da análise de si mesmo).

O Sinthoma tem a sua origem nos conflitos do inconsciente, movimentando-se como um retorno do que poderia ter sido, do que pode ser, ou do que poderá vir a ser recalcado.

As manifestações do Sinthoma têm a ver com o retorno do que foi recalcado ou do que está sendo recalcado, que afinal de contas, é a mesma coisa.

Mais especificamente, poderíamos dizer que o Sinthoma funciona como um recurso de satisfação substitutiva de um impulso sexual inconsciente, que não poderá ser satisfeito. Além disso, o Sinthoma também é uma montagem para impedir que o impulso sexual inconsciente venha a ser satisfeito.

Acontece que a barreira montada para impedir a satisfação do referido impulso sexual, permite que uma outra via, um outro caminho possa se satisfazer de forma substitutiva.

Se não houvesse essa substituição, desapareceria para sempre a diferença fundamental entre a sexualidade biológica e a sexualidade social, e o mundo se transformaria numa barbárie, que parece que é justamente o que vem se proliferando sob a forma de violências em quase todas as partes do mundo pós-moderno.

Essa forma de satisfação substitutiva daquela que jamais poderia se satisfazer, é que recebe o nome de Sinthoma.

O Sinthoma, então, não seria outra coisa senão uma forma possível de satisfação chamada substitutiva ou secundária, socialmente possível de ser sustentada.

"O Sinthoma é sempre um substituto da satisfação sexual, de que os pacientes se privam em suas vidas."[37]

O que se manifesta em forma de Sinthoma tem sempre por detrás dele a angústia, geradora de sentimento de culpa sem localização e consciência, insatisfação, mal-estar, sadismo que invariavelmente se converte em masoquismo.

Como o Sinthoma é parte da estrutura e funcionamento inconsciente do sujeito humano, ao qual ele não tem acesso, é preciso compreender que, ao contrário do Sintoma da psiquiatria de base orgânica cuja cura é orientada para a sua supressão, aqui, na psiquiatria de base psicanalítica não é possível nem faz sentido desaparecer com o Sinthoma.

Já que o Sinthoma é precisamente o lugar onde o sujeito humano se sustenta e se estrutura, desaparecer com o Sinthoma seria o mesmo que banir a humanidade na face da terra.

A cura pela psiquiatria de base psicanalítica consiste em transformar as queixas e os sofrimentos em Sinthoma, isto é, levar o "ser humano" a se reconhecer como ser de falta e descobrir qual é de fato a sua verdade. A sua verdade é ele próprio. A sua verdade é a sua vida. A sua vida é a sua história. Não há como curar o "ser humano" dele mesmo.

Por isso, meu caro leitor, temos que saber qual é a verdade de cada um de nós, para que possamos viver segundo ela. Cada "ser humano" é o seu próprio Sinthoma. A cura tal como compreendida pela psiquiatria de base orgânica é diferente da cura compreendida pela psiquiatria de base psicanalítica.

---

37 Sigmund Freud," Esboço de Psiquiatria de base psicodinâmica". 1938

O que podemos fazer com relação ao Sinthoma, este que é o próprio "ser humano", seria ajustar os seus níveis de satisfação, alinhando-os às condições e limites que são os possíveis de se levar a vida social e civilizada. Uma vida que possa ter a chancela de ser "um sujeito humano".

O Sinthoma é o sinal que nos alerta sobre as condições e os limites dos quais uma vida de "ser humano" é possível de ser vivida sem sofrimento e sacrifício. E sem prejuízo material e moral para os seus semelhantes. Constitui violência humana a exigência de qualquer forma de lucro à custa do gozo do Outro. Isso pode-se resumir no seguinte: a mais valia do capital é comparável ao mais de gozar ao fazer do outro uma vítima sacrificial. É como se, somente por meio do sofrimento é que seria possível pagar a parte do que nos toca no pagamento do "pecado original" da humanidade ocidental.

O sujeito é o mesmo

O sujeito é o mesmo

Perguntaram, em 1972, a Lacan: "o que seria o sujeito antes da descoberta do inconsciente"?

Ele respondeu: "o sujeito é o mesmo".[38] Entretanto, René Descartes não compreendeu assim: que o sujeito lacaniano já era aquele mesmo que estava no início de seu cogito. Este foi o seu maior "equívoco", o chamado "Erro de Descartes".

Por isso, é que há um sujeito, que está aí, esperando para voltar à sua casa, desde Descartes.

Só que este retorno demorou 420 anos, que foi precisamente o tempo que o matemático racionalista francês, de 1596, atrasou o "desenvolvimento do saber sobre o sujeito humano".

---

38 Lacan e a Entrevista à Rede de TV francesa, 1972.

Porém, foi de Descartes que dependeu esse importante passo para que pudéssemos chamá-lo de volta para a sua casa, o inconsciente humano, pois o sujeito do filósofo e matemático francês é o mesmo sujeito da psiquiatria de base psicanalítica".[39]

Agora, que já compartilhamos conhecimentos e saberes, sobre a concepção de que há uma falha no saber sobre o sujeito humano, podemos compreender o advento do sujeito cartesiano que, depois de quatrocentos anos esperando, pudemos trazê-lo de volta para a sua casa, a psiquiatria de base psicanalítica. Lacan sempre esteve ocupado em pensar a questão do "ser humano", deste lugar que, antes de 1950, era ocupado pela psiquiatria de base orgânica.

Para Lacan, cada pessoa não sabe quem é, senão por meio da imagem do outro. É por isso, que jamais o "ser humano" encontrará com alguém que possa lhe dar os fundamentos do seu "ser".

"O sujeito dividido, conceito tão caro aos psicanalistas, aponta para uma verdadeira subversão que a psiquiatria de base psicanalítica promove no cogito de Descartes, pois para ele o sujeito é "um indivisível". Um indivisível, uma só coisa pensante. Eu "Penso, logo existo." Eu sou uma coisa que pensa!

René Descartes (1596-1650) filósofo e matemático, nasceu na França, em La Hayne, e morreu em Estocolmo-Suécia, aos 53 anos de idade. Este é o lugar que a ciência ocupou por quatrocentos anos, e, de certa forma ainda insiste em sustentar. Porém, em parte, já não é mais aceito nem mesmo entre muitos cientistas pós-contemporâneos. Fomos todos nós, por quatrocentos anos alfabetizados nesta cartilha, e, agora, só nascendo de novo para reaprender a ser gente. Não apenas uma coisa que pensa. E pensa muito bem em seu próprio umbigo! Um pensamento racional, interessado, objetivo que faz uso de palavras elegantes, que sabe muito bem a que elas servem.

39 Lacan, 1964. O sujeito cartesiano é o mesmo sujeito da Psiquiatria de base psicodinâmica.

A subversão de Jacques Lacan, em relação ao erro de Descartes é a seguinte:

"Ali, onde só há existência, não há pensamento, e onde há pensamento, não há existência". Os animais da natureza são existências e eles não pensam. Os "seres humanos" pensam com a palavra, e não são existências. São seres.

É incompatível ser e existir ao mesmo tempo para qualquer ente, criatura ou ser.

Uma preciosidade teórica que alcança a força de uma verdade.

Quanto ao René Descartes, ele foi o primeiro filósofo, matemático, que na história do Mundo Ocidental chegou a propor, pela primeira vez, uma concepção sobre esse tema tão importante: o que é o "ser humano"? E essa sua posição não é de forma alguma desprovida de reconhecimento e de valor, mesmo que nela existam "erros." O pensamento cartesiano sobre o que vem a "ser humano" contém alguns equívocos.

Qual seria, então a importância de Descartes? Dentre outras, a de ser o primeiro filósofo da história ocidental a se ocupar em elaborar uma "concepção de "ser humano".

Antes dele, ninguém havia se ocupado com algo de tamanha magnitude para a humanidade como Descartes, pois com isso, ele estaria de fato propondo a responder à pergunta que nunca quis calar: O que é o "ser humano"?

Descartes começou indagando a quantos podia o porquê da existência de tantos erros no que concerne à concepção do que é chamado de "ser humano".

Pensava ele: se todos os "seres humanos" são dotados de uma racionalidade e uma consciência, para evitar tantos esses erros frequentes e repetidos, seria necessário construir um método para educar de um modo massificado e intensivo a razão humana, direcionando, assim, o pensamento das pessoas a fazer a coisa certa, ou seja, não mais cometer erros!

Descartes acreditava que os seres dotados de racionalidade e consciência não poderiam cometer erros, já que estes atributos humanos são os que supostamente sustentariam as verdades no mundo.

Por acaso, Sr. Descartes, haveria alguma morte violenta cuja causa oculta residindo no inconsciente, mas, que para ser perpetrada a sua intenção não teria que passar pelo consciente?

Se a resposta for:

1. Sim teria que passar. Então, para que serviria esse consciente desmiolado, chamado de razão, que não é capaz de barrar nenhum ato?
2. Não teria que passar. Então, para que serviria esse consciente desmiolado, chamado de razão, senão para funcionar como um enfeite sem função?

Descartes postulava que teríamos que começar sempre por um processo de análise a partir da dúvida (era preciso iniciá-lo duvidando de tudo que viesse do "ser humano"), colocar tudo em questão. Tudo deveria ser submetido a uma minuciosa análise ou teste de veracidade. Todas as coisas deveriam ser examinadas com muito critério. Nada poderia escapar ao exame da dúvida, à exceção, é claro, da própria dúvida. Ele só não poderia ter dúvida da própria dúvida.

Ainda existem racionalistas retrógrados que conduzem as suas experiências por este método. No entanto, sabemos que hoje em dia são muitos os cientistas que não mais seguem a cartilha cartesiana, ou seja, existe muita dissidência entre eles. E ela aumenta a cada ano.

É um método que, quando aplicado ao "ser humano", tende a fracassar.

O Método Cartesiano, criado para educar a razão humana foi concebido para ser aplicado de acordo com a seguinte sequência:

As ideias humanas sobre as quais se pairasse alguma dúvida eram descartadas, de imediato.

As ideias (pensamentos humanos) sobre as quais, em princípio, não se pairasse dúvida, poderiam seguir para a segunda etapa do teste de veracidade.

Todas as ideias que seguiam em frente, passando para a segunda etapa, eram consideradas como um bloco para ser decomposto em partes menores. Fragmentos de ideias.

Cada um destes fragmentos de ideias era separado uns dos outros, para ser analisado isoladamente. O todo foi decomposto em partes. Se cada parte analisada, uma a uma, fosse verdadeira, então, o conjunto formado por elas também seria considerado verdadeiro.

Em seguida, todas as ideias aprovadas eram classificadas em dois grupos: as ideias simples e as ideias complexas. A partir deste ponto, as ideias simples e complexas eram examinadas com mais precisão para não deixar o menor resquício de dúvida quanto à veracidade de cada uma delas, nos dois grupos. Ainda havia mais uma prova final e uma revisão geral de todos os passos dados, realizada por uma outra equipe distinta da primeira.

Na escola de Descartes, todos os estudos eram submetidos a esse criterioso conjunto de testes de veracidade, que ficou conhecido como o Método Científico.

Se este método, tivesse efeito e se fosse aplicado em sua íntegra para testar o pensamento humano de cometer uma morte violenta, não haveria mais ninguém vivo na face da terra. Será que haveria de fato alguém disposto a montar num jumento assim empacado?

Descartes acreditava que não se pode validar uma ideia como verdade, pelo simples fato de ela ter sido objeto de uma transmissão por meio da cultura. Neste ponto, ele estava mais que correto. Até porque, a cultura não necessita obrigatoriamente ter compromisso com a verdade, mas sim com a realidade psíquica, que é de outra ordem, mesmo que não seja da falsa ou da mentira. Os compromissos da cultura são muitos, complexos e seguem um saber oriundo de inúmeras fontes e crenças.

Descartes colocava toda ideia (pensamento) em dúvida, exceto a própria dúvida. Isso porque quanto à própria dúvida, ele era obrigado a confiar nela, a chamada dúvida hiperbólica, que era a base de seu método.

O fato de ser obrigado a se submeter e a confiar na própria dúvida, isso deixou Descartes de fato desconfiado, o que o levou a elaborar um novo questionamento, o "Argumento do Sonho".

De que se trata o "Argumento do Sonho" de Descartes?

Descartes partiu de uma dúvida que o levou a indagar a si próprio!

Será que o fato de eu estar pensando, dizendo e fazendo essas conjecturas não seria porque eu estaria submetido a um mecanismo lógico, ou, então, não estaria eu dentro de um sonho programado para me indagar dessa maneira?

Seria o argumento do sonho um absurdo, ou quem sabe se neste ponto não teria tido o filósofo um sismo de intuição sobre a função do inconsciente? Não podemos afirmar.

Descartes perguntou a si próprio:

Não estaria eu sonhando?

Será que de fato eu estou acordado?

Como vou ter certeza desta minha dúvida: estou sonhando ou estou acordado?

Descartes respondeu assim para ele mesmo. Eu só tenho certeza de que não estou dormindo quando eu acordo.

Mas, mesmo assim, ele continua!

Quem sabe se não estaríamos todos sob o efeito de algum gênio do mal que teria posto toda a humanidade para dormir e nós, então, estamos todos dormindo e, assim, quem sabe, poderemos até nunca vir a acordar deste tipo de sonho?

Será que estamos vivendo em um mundo Real ou estamos vivendo em um mundo Virtual, acreditando que, nele todos nós estamos acordados e em plena atividade consciente?

Perguntou a si mesmo: mas, como poderei ter certeza disso? Bom. Para isso eu teria que confiar na minha percepção e na percepção das outras pessoas!

Mas, nisso não dá para eu ter certeza, não dá para chegar à verdade!

Definitivamente, não podemos ter certeza confiando apenas nas percepções, nas emoções e nos sentimentos humanos, porque eles podem nos enganar a razão ao forjar em nós uma certeza que jamais existiu!

Esse foi precisamente um dos pontos levantados pelo neurocientista da Califórnia, em seu livro *the Best Seller*, "O Erro de Descartes".

E foi assim que Descartes insistiu e concluiu da seguinte maneira: impossível chegar a qualquer certeza acreditando apenas nas emoções, na memória, nos julgamentos, nos afetos, nos sentimentos e nas percepções próprias dos "seres humanos", pois elas podem nos enganar e levarmos a conclusões equivocadas.

O que é incrível é que se ocupando com a certeza e com a verdade, Descartes repassou para a humanidade muitos ensinamentos sobre o "ser humano", que constituem fragrantes erros ou equívocos, como os que foram constatados, em outubro de 2017, pelo cientista Richard Thaler da Universidade de Chicago, Prêmio Nobel de Ciências Econômicas.

Mas, o que de fato constatou o cientista norte-americano em termos de equívocos relacionados ao cogito de Descartes?

O Prêmio Nobel de Ciências Econômicas de 2017, foi conferido ao Dr. Richard Thaler professor de Ciências Aplicadas da Universidade de Chicago pela pesquisa "O Estudo do Comportamento Humano na Tomada de Decisões em Economia".

Na tese vencedora do Nobel de Economia 2017, Richard Thaler concluiu que o estudo da economia em todas as partes do mundo necessita de que prestem mais atenção nas concepções sobre "ser humano" que estão sendo utilizados pelos cientistas em suas pesquisas, porque as concepções sobre o "ser humano", em uso nos dias de hoje, estão completamente fora da realidade do que é um "sujeito humano", portanto, desatualizadas.

Ainda são conceitos tipicamente cartesianos, declarou em sua tese.

E o cientista disparou: a trabalhar com esses modelos defasados sobre o que de fato vem a "ser humano" leva tanto aos equívocos quanto às decisões erradas tomadas a partir deles. A continuar assim, seria melhor, então, que trabalhássemos com os modelos dos "Unicórnios", já que não se ocupam também com os modelos adequados.

Richard Thaler afirma que o estudo da economia e seus resultados depende da compreensão mais realista acerca do que é "ser humano".

Segundo ele, seus colegas de estudos e pesquisas, ganhadores dos dois últimos prêmios nesta mesma categoria, já vinham alertando a mais tempo sobre essa necessidade de atualizar a concepção sobre o "ser humano", buscando saberes que estão disponíveis na psicologia, psicanálise e psiquiatria.

Trata-se, portanto, de uma reação de cientistas organizada mundialmente, que vem sendo denominada de a "Ciências Naturais versus as Ciências Comportamentais Humanas".

Segundo o detentor do Prêmio Nobel, nas últimas décadas, vários pesquisadores têm se dedicado a demonstrar que, no mundo Real, os "seres humanos" não agem racionalmente nem conscientemente, como se imaginava, até pouco tempo atrás.

Os "seres humanos" não são racionais nem conscientes na hora de tomar decisões e na hora de executá-las.

Para Thaler, 72 anos, seu desafio é usar novos saberes para a construção de novos e de mais adequados modelos de trabalho, que deem conta da complexidade que o "ser humano" representa para as Ciências Econômicas.

E acrescentou: e isso já está ocorrendo em várias áreas das Ciências Naturais.

Ao anunciar a premiação, a Academia Real Sueca de Ciências, em Estocolmo, o mestre de cerimônia descreveu que ele mostrou como o comportamento dos "seres humanos" afetam tanto as decisões pessoais que tomam, quanto as decisões do próprio mercado global como um todo.

"Richard Thaler incorporou hipóteses mais apropriadas aos "seres humanos", que são mais realistas nas análises e nas tomadas das decisões em relação às anteriores, que não mais deveriam ser levadas em conta.

E concluiu: "É necessário conhecer as novidades psicocientíficas sobre o ser humano".

A premissa da teoria de Thaler é que, para fazer uma boa economia, você precisa ter em mente que as pessoas com as quais operamos são todas humanas, não são máquinas, e possuem saberes que, até então, eram completamente ignorados pelos cientistas, mas, que, doravante, deverão ser mais bem estudados e mais bem conhecidos, sobretudo ao saber que estas concepções já se encontram em disponibilidade na academia, há mais de um século antes do presente (AP).

Perguntado pelo New York Times, sobre como solucionar e encaminhar as questões humanas dessa natureza sem constranger a liberdade e o narcisismo dos cientistas, ele respondeu que pequenas orientações e incentivos ao estudo sobre psiquismo humano, aliados aos cuidados emocionais se mostraram muito positivos em nossas teses.

Ao ser perguntado pela Academia Sueca de Ciências, se o Thaler agiria humanamente ao usar o dinheiro do prêmio (R$ 3,5 milhões), o economista em tom alegre respondeu que tentaria gastar o dinheiro da forma mais humana que a ele fosse possível. E sorriu...

Em 1994, uma outra demonstração de que a ciência, aos poucos, vai compreendendo que o seu sujeito (cartesiano) é o mesmo sujeito da psiquiatria de base psicanalítica, foi publicamente declarada pelo neurocientista português, Antônio Damásio. Hoje, radicado nos EUA, onde coordena uma pesquisa sobre o "comportamento humano", na Universidade da Califórnia, que o levou a escrever o livro "O Erro de Descartes".[40]

"De modo geral, ainda era esse o estado das coisas, em 1994, quando lancei o livro "O Erro de Descartes", que a emoção na perspectiva da ciência do psiquismo, está implicada na racionalidade humana", exatamente o contrário do que antes se pensava cartesianamente".

"Eu esperava apresentar meus argumentos tranquilamente para um público de cientistas sem ser jogado para fora do palco, mas não tinha a expectativa de contar com sinais de uma boa acolhida, nem com um

40 Antônio Damásio, 1994. "O Erro de Descartes"

público formado por colegas atentos e interessados nesses assuntos. E, no entanto, o que consegui foi um público receptivo, atento e generoso".

Nos Estados Unidos e em outros países do mundo, várias ideias do livro ganharam espaço no pensamento de muitos colegas cientistas que, agora, estão estudando o comportamento humano. Isso também está acontecendo com o público não especializado.

Inesperada, também, foi a avidez com que tantos leitores quiseram conversar com ele, fazer perguntas, dar sugestões e propor correções. Respondeu a vários deles, e de alguns, até se tornou amigo. Relata "Aprendi muito, e ainda tenho aprendido, pois não passa um dia sem que eu receba uma correspondência vinda de alguma parte do mundo a respeito do livro "O Erro de Descartes".

Segundo, Damásio, a situação está mudando e a busca de compreensão sobre o comportamento humano, mesmo com um grande atraso, começa a despertar a todos, especialistas ou não, muito interesse.

"Passadas duas décadas, a situação é radicalmente outra. Pouco depois do lançamento de "O Erro de Descartes", os neurocientistas que vinham estudando emoções em animais também publicaram muitos livros novos. Laboratórios de neurociência, e psicociências dos Estados Unidos e da Europa, logo já estavam voltando as suas atenções para o estudo da emoção e do comportamento humano. Os filósofos ocupados com o tema passaram a ser ouvidos com muito interesse, e os livros capitalizando a ciência do psiquismo humano caíram no gosto do público.

A emoção finalmente está recebendo a atenção que os nossos ilustres professores, mestres, pesquisadores e especialistas do psiquismo humano, que nos precederam, gostariam de tê-la visto ser reconhecida com esse valor e ocupando essa tal dimensão.

Mesmo, ainda que o resgate da dedicação da ciência ao saber humano tenha acontecido somente um século mais tarde".

Que nos perdoem, Freud, Lacan, Winnicot, Bion e outros.

Houveram épocas, e elas não foram poucas, em que quando a ciência encontrava algo diferente de sua hipótese de trabalho e, tais contradições não conseguiam ser cientificamente explicadas e provadas, elas eram logo expurgadas da hipótese, pois caso a ciência deixasse passar o que não conseguira aprovar, ou ela o descartava ou ela não poderia continuar se constituindo como tal.

"Descartes considerava que o que era dito em nome das percepções, sentimentos e emoções só serviam para nos enganar. Por isso, o meu livro não poderia ter outro nome que "O Erro de Descartes", porque na prática contemporânea, o que se verifica é exatamente o oposto do cogito cartesiano".

Não se iluda com isto, caro leitor, pois haveremos também em breve de falar sobre "Os Erros de Damásio", pois em matéria de "sujeito humano", ele também anda às voltas com muitas questões que a neurociência não tem dado conta, pois ela também não é o único campo de demonstrações de saberes sobre o "sujeito humano".

Em 2015, eu cheguei a enviar uma correspondência para o Dr. Antônio Damásio sobre estas questões, mas a julgar pela sua resposta, ele ainda não abordou o nuclear de muitos pontos de interrogações.

Percebi claramente este "equívoco", ao assistir a sua última entrevista dada no Brasil, quando ele próprio afirmou que há muita coisa que necessita "ser mesmo esclarecida". Mas, esta afirmação é positiva, há muita coisa a saber a bem do saber sobre o "ser humano"

Por outro lado, o poeta Mia Couto foi convidado para abrir o Congresso de Cérebro, Comportamento e Emoção, em 2017, em Porto Alegre. Ele como pode se ler neste trecho de entrevista dada à repórter, Mariza Tavares, para a Globo G1, no dia 11.06.2017: [41]

41 Trecho da entrevista dada à jornalista e repórter, Mariza Tavares, para a Globo G1, no dia 11.06.2017. Porto Alegre RS.

"O que me agrada na ciência não é ver nela uma explicação total, absoluta do mundo, mas é colocar essa narrativa em diálogo com outros saberes, com outras sensibilidades O que mais me admira na biologia é o relato da mais fascinante narrativa que há, a história da vida. A literatura é uma celebração desse fascínio que, em nós, provoca a vida e o fato de estarmos vivos. A ciência tem uma aproximação mais redutora e simplificadora da vida. A arte pode dar conta dessa complexidade imprevisível, pois a verdade é que nenhuma ciência pode fazer isso sozinha. Conhecer o cérebro, os processos cognitivos e os comportamentais podem ajudar a decifrar as zonas que, até hoje permanecem obscuras e ocultas para todos nós. Mas, eu gostaria de frisar que a própria neurociência deve-se pensar criticamente e conhecer e aceitar os limites de sua intervenção. É fácil crer nos neurocientistas, porque tocam nos segredos dos segredos, conhecem mais do que ninguém o ser humano. Mas isso não é tão simples. O que nos faz ser humano não é apenas as nossas essências físicas, químicas ou as estruturas complexas dos circuitos neuronais. O que nos faz é algo que se localiza nas relações intangíveis, nas trocas que não podem ser traduzidas em números e imagens. Há uma dose de mistério que não irá nunca ser completamente conhecida. Mas, isso não é de todo ruim.

Precisamos de saber mais e mais, mas faz parte da nossa natureza o fascínio pelo desconhecido no que tange aos fenômenos da vida."

Angústia

Angústia

Algo que ocorre de repente, de forma inopinada, aperta o peito, torna ofegante a respiração, bate aquela tremedeira por dentro e por fora, a pele fica fria, começa uma sudorese daquelas, o peito aperta, coloca a pessoa em pânico e com medo de estar diante de um iminente um infarto.

É a angústia que dá sem mais nem mesmo, que repete a qualquer hora e deixa a pessoa desolada e já a deixa avisada de que seus conflitos estão à flor da pele.

Angústia não é ansiedade. É uma outra coisa muito diferente, já que ansiedade é a dificuldade que a pessoa tem de lidar com o tempo dos acontecimentos e obrigações.

Para a ansiedade você tem os medicamentos ansiolíticos, mas para a angústia, não. Para a angústia o remédio é contar com uma boa psicoterapia para tratar dos atos recalcados que de lá do inconsciente humano estão ensaiando suas mostrações do que ela é capaz de fazer com o sujeito.

Angústia é para o "ser humano" um sentimento doloroso que o acompanha por toda a vida e que a psiquiatria de base psicanalítica a tem como um de seus objetos de estudo. "Angústia é o tipo de emoção cuja característica é ser desagradável a todos os "seres humanos". [42]

O termo Angústia quer dizer aflição, opressão, sufocamento, desolação e medo que põem a pessoa em pânico.

No início, ao explicar o que era a angústia, Freud a concebeu como uma pulsão que, não tendo como se ligar ao afeto, teria que se escoar por uma outra via psíquica e descarregar livremente.

Quando a barreira que impede a circulação da angústia está no corpo, a origem dessa obstrução é recente e em ato, afeta diretamente o próprio corpo imputando ao mesmo algum tipo de sacrifício. Por outro lado, quando a barreira que impede a circulação da angústia está no psiquismo humano, a origem da obstrução se encontra na história do pensamento, devendo ser procurada no que se passou no inconsciente do sujeito, pois aqui, a afetação é no discurso e no vínculo social.

Na prática, contudo, as manifestações da angústia se mesclam dentro de um espectro muito amplo. Entretanto, podemos sumarizar dizendo que o equivalente típico do sintoma da angústia é o chamado efeito "adrenérgico".

É na angústia que o "ser humano" tem a sensação de que algo de mal vai lhe acontecer, mesmo que nada de concreto esteja em questão ou sinalizado para ocorrer.

Podemos, então, dizer em termos de função desempenhada pela angústia, que primeiro, ela é uma descarga de energia livre

---

42 Alberto Talaferro, Angústia, 2004. Martins Fontes.

e que segundo ela é um sinal de alarme que antecipa e prepara o sujeito para uma suposta resposta preventiva mais organizada.

A angústia é um afeto que sempre tem relação com o recalque, ora podendo ser um produto e ora podendo ser a causa do mesmo. É neste ponto que a angústia denuncia a falência do princípio do prazer, pois faz dele um estado de desprazer e opressão.

Por tocar o ser, ela é mais um estado que um sentimento. No princípio, Freud pensava que a angústia fosse o produto do recalcamento, já numa segunda fase ele é conduzido a afirmar o contrário, isto é, que a angústia é a causa do recalcamento.

Se o recalcamento é a solução da angústia, podemos concluir que ela afasta do sujeito, por meio da castração, o objeto de desejo.

A angústia é a emoção que desmancha prazer. Que interdita. Que coloca o "ser humano" com o que falta para completar suas realizações. É o sentimento que subtrai a perspectiva e a suspende por algum tempo. Quando uma percepção de que "o show vai acabar" toma conta dos sujeitos, entra em ação, um sentimento de angústia de que o prazer será substituído por uma emoção desagradável.

Muitas pessoas são tomadas pela tristeza do desprazer que se instala e pela impotência de não ter condições de demovê-la.

O fim de festa, o fim do show, o fim das férias, o fim do amor, o fim do prazer, o fim do feriado e outros fins que provocam sentimento desagradável que é o da angústia.

O fim de algo prazeroso é sempre tomado pela desagradável emoção da angústia.

É impossível não ter angústia, é impossível manter o prazer sem a perspectiva de um fim.

Isso se verifica até em relação à própria morte. "Poderiam, por acaso, continuar levando as suas vidas, se não tivessem a certeza de que um dia iriam morrer?".[43]

A Angústia provoca em todos nós um sentimento de que ainda temos algo para se fazer. A angústia provoca no "ser humano" um sofrimento muito grande com a questão de que somos sempre um falta-a-ser, como provoca também medo, raiva, irritabilidade, inquietação, desamparo e tristeza.

Quando a angústia se instala, a psiquiatria de base psicanalítica sempre tem algo a dizer, ou melhor, tem muita coisa para ser escutada do sujeito que sofre.

A escuta na experiência analítica da transferência é o recurso mais importante de que dispomos para ajudar os outros. A escuta da palavra de quem sofre é o instrumento mais generoso para cuidar dos sintomas decorrentes da angústia.

É muito grande o número de pessoas angustiadas no mundo, e como os outros, em geral, têm pouca capacidade de escuta, a situação se transforma num dos maiores problemas da humanidade.

Por isso caro leitor, temos que exercitar a humanidade ao escutar os outros, escutar o próximo, escutar os amigos, escutar os abandonados, escutar os desamparados, escutar os desvalidos e os demais afetados por toda a sorte de dor.

Esta é a mais indicada forma de se conduzir diante de uma pessoa angustiada por que motivo for, que quase sempre é o mesmo: o sentimento de que as coisas estão chegando ao seu fim, de que não foi possível realizar tudo o que queria, de que não se chegou a ser quem gostaria que tivesse sido ou chegado a ser.

---

43 Jacques Lacan, Conferência de Louvain, 1973

É assim que os sentimentos ou as emoções da angústia nos pegam desprevenidos, em nossas fraquezas, em nossas incertezas, em nossos sentimentos de fracassos, em nossas comparações com as pessoas mais bem-sucedidas. Quantas não são entre seus conhecidos do bairro, do trabalho, da escola, da igreja, do clube, da comunidade que estão sofrendo do mal eterno, que neste caso, é o da angústia.

Muitas são as pessoas que sofrem, sacrificam-se e morrem em função de crises existenciais, que não são outra coisa senão a angústia, expressa de um sentimento recalcado ou de um outro que retorna como recalcado.

A questão da angústia tem a ver com o que nos falta, ou seja, com o vazio que a perda deixa, sendo a primeira delas a perda Real. O "ser humano" possui muita dificuldade de lidar com o que não temos ou com o que perdemos. O sofrimento em função das perdas é muito grande, sobretudo nas sociedades pós-contemporânea quando as pessoas vivem de forma individualizada, cada um com o seu problema ou cada um com o seu quadrado.

O sofrimento associado ao individualismo com que os "seres humanos" vivem, somam-se para aumentar ainda mais as situações causadoras de sofrimento, de angústia e outros tipos de sacrifícios por que têm que passar, simplesmente para poder viver...

Como já foi revelado neste livro, meu caro leitor, somente em função de causas violentas e externas, são vítimas de mortes por acidentes, homicídios, suicídios, torturas físicas e mentais, agressões e abandonos, cerca de cento e trinta mil pessoas por ano, sem entrar no mérito das subnotificações por falhas nos recursos e técnicas de apuração na estatística sobre os fatos violentos.

Sofrimento mental

Sofrimento mental

Em tese, há uma diferença entre dor mental e sofrimento mental.

A dor seria um acontecimento desagradável bem localizado no corpo e geralmente circunscrito a uma região, enquanto o sofrimento é um sentimento desagradável e mais generalizado, na maioria das vezes, é difícil precisar a localização do processo. O sofrimento mental é um sentimento mal apreendido, espalhado com manifestações amplas como um espectro. Entendemos que o termo sofrimento é um tanto quanto difuso e vago na compreensão de quem sofre. Já o termo dor é mais fácil de ser apreendido e localizado, mesmo que numa região menos circunscrita.

A dor mental não é nenhuma invenção ou simulação, muito menos aquela dor que por maldade e por motivação pejorativa tem sido denominada de "dor psicológica", como se quisesse dizer: uma dor inventada. Essa "dor psicológica" costuma soar como um insulto, posto que ponha em dúvida a veracidade de sua existência. Como algo que não merece ter crédito, ser levado em consideração ou ser cuidado por parte de quem não consegue compreender essa estranha variação. No entanto, esta costuma ser uma dor muito doída, posto que ela tenha vindo de uma pessoa que sofre também por não merecer o benefício da dúvida ou a confiança do outro. É preciso ter mais cuidado ao abordar uma dor que "parece não existir". É o mesmo cuidado que devemos ter "com a voz que resta, com a veia que salta, com a gota que falta para o desfecho da festa", como nos ensina o poeta.

Caro leitor, neste capítulo vamos tratar, então, daquela que chamamos de dor mental. Aquela que advém dos conflitos, perdas, frustrações, privações e limitações de toda a sorte às quais nós estamos quase sempre submetidos e, que das quais temos que melhor cuidar e ter cuidado. Não se trata de suprimir simplesmente a dor, até porque essa condição não nos é possível assegurar, mas, de dar a ela um lugar de cuidado para que possa ser tratada da forma, do modo e das condições que nos são impostos pelos limites, pela estrutura e pela própria dinâmica e funcionamentos do "ser humano".

Porque não é dada ao "ser humano" a possibilidade de viver sem dor alguma, sem mal-estar, sem angústia, sem conflito, sem sofrimento e sem dúvidas.

Daquele que sofre a dor àquele que escuta o sofrimento dela decorrente, cabe ao primeiro ter a sua vida tomada por algo que, em princípio, não tem um sentido aparente. Ao segundo, cabe o cuidado de dar a ela um sentido, pois, é bom que se saiba que, sentido ela não tem algum. A que serve, então, uma dor brutal assim que sacrifica o sujeito humano? De fato, o que acontece é que algo dessa ordem não pode mesmo ser compreendido pela razão consciente.

É impossível responder a qualquer dor, enquanto ela ainda se encontra no registro do Real, insistindo em se manter no estado de uma pura concretude.

Porém, quem escuta o sofrimento causado pela dor, tem a incumbência de separá-la do registro do Real, convertendo-a à dimensão de um Símbolo, ou seja, ela tem que ser transferida para o campo da linguagem, que é o campo simbólico. Pois, é a partir da fala de quem sofre é que se pode apontar uma direção da cura.

Atribuir ao que está no registro do Real, do estranho e do inassimilável, um valor simbólico é que o que nós devemos realizar, para que um sentido seja produzido e a dor possa se tornar compreensível e abordável pelo pensamento e pela palavra.

Transformar o incompreensível do Real, em uma elaboração simbólica compreensível não é simplesmente adotar uma ação de interpretar a causa do sofrimento, ou se utilizar da experiência dolorosa para que o sofredor saía dela fortalecido, ou ainda adotar ações e explicações para o consolo de quem sofre. A direção da cura não passa por essas ações por mais bem-intencionadas e nobres que possam ter sido avocadas. A experiência analítica não é uma experiência de autoajuda, que menos ajuda e mais atrapalha o sujeito, mesmo que ele goste de ser tapeado.

A direção da cura consiste em construir um lugar para a dor dentro de uma experiência analítica com a transferência entre o paciente e o analista.

A dor psíquica é uma dor Real, inassimilável e que escapa à razão. Não é de forma alguma uma dor "inventada" como alguns insistem pejorativamente em sustentar, decerto, do lugar da mais ingênua ignorância. Seja ela, a dor de uma separação, de uma perda, de um abandono, de uma humilhação, de uma discriminação, de um assédio, de uma intriga, de um falso testemunho, de uma fala maldita, de um medo, de uma vingança, de uma tortura, de uma traição, de uma restrição imposta injustamente, de uma saudade etc.

A forma de como se dá o sofrimento mental, que resulta na dor mental do sofrimento humano, varia com o momento histórico e social de uma dada população e cultura.

Por exemplo, hoje em dia há uma licenciosidade muito grande entre as pessoas no mundo pós-contemporâneo. Tomando como exemplo o Brasil, temos um crescimento muito grande de distúrbios e sofrimentos mentais, a ponto de ele ser entre as pessoas socialmente ocupadas com o trabalho, uma das maiores causas de afastamentos do tipo ocupacional, segundo dados da Seguridade Social do país.

No ano de 2016, quase duzentas mil pessoas se afastaram de seus trabalhos por causa dos adoecimentos mentais, indo diretamente das empresas para o Instituto Nacional de Seguridade Social (INSS), onde, após serem periciadas e uma vez serem consideradas inválidas, mesmo que parcialmente ou temporariamente, passam a receber o que têm direito, o auxílio doença, que é pago pelo Seguro Social.

Deste contingente de pessoas mentalmente adoecidas, cerca de 38% delas, qual seja, um número de pessoas próximo a 76.000 (setenta e seis mil) afastaram-se oficialmente do trabalho por motivo de depressão mental, no ano passado.

Nos seis últimos anos, somente os casos de Depressão e de Angústia deixaram mais de 97.000 (noventa e sete mil) pessoas inválidas a ponto de todas serem aposentadas pelo Seguro Social. Os aposentados mentalmente inválidos para o trabalho custam para os cofres públicos do país a quantia de R$ 114.000.000,00 (cento e quatorze milhões de Reais) em cada ano que passa. E a tendência é sempre a de aumentar.[44]

O contraditório disso, é que grande parte delas tem tratamento, cura, mitigação, acompanhamento do sujeito, no lugar de simplesmente, "encostar" pessoas sem uma rede social e de saúde para assegurar o cuidado e a reabilitação delas. É muito estranho compreender que simplesmente afastando as pessoas e fornecendo a elas um pequeno recurso para sobreviver, que elas possam curar-se sem a necessidade de mais algum outro tipo de cuidado específico de saúde. O que há de tão doloroso no trabalho que justifique ser melhor ficar longe dele que curar com a ajuda dele e com a segurança que ele, em tese, foi criado para prover.

Teríamos que repensar o que podemos fazer para que as relações de trabalho e os vínculos sociais que eles proporcionam passassem a funcionar, pois hoje, o que presenciamos é um efeito adverso do trabalho que expropria a identidade do sujeito humano que trabalha. Há uma exigência inumana de se exigir lucro à custa do gozo do outro.

Não será sem organização, recurso e planejamento que conseguiremos dar um tratamento eficaz e digno para este problema.

E para isso, o processo tem que iniciar pela escuta da voz de quem sofre e se afasta, porém, não se trata de qualquer escutazinha consciente racional utilitária para o uso da tapeação, mas a escuta da experiência analítica com a transferência.

Assim, concluímos que a dor é um afeto, contra o qual temos força e defesa para continuar a nossa vida. A dor pode ser um sintoma, que nada mais é que a manifestação das pulsões recalcadas ou que retornam do recalcado. A dor psicogênica, que é diferente, da então denominada de "dor psicológica" que em princípio é um

---

44 Fonte: Caderno Época. Negócios, Globo.com. 17.02.2017.

termo vago, que precisa ser mais bem compreendido do que se trata. A "dor psicogênica" é precisamente aquela que não deixa dúvida contra a sua existência e manifestação, mas para a qual não encontramos, de imediato, um substrato orgânico ou do tipo metabólico que lhe sirvam de base. A dor de amar que é a dor da ruptura do laço íntimo que temos com o outro, o que nos leva a um sofrimento, que nos desestrutura e nos dissocia. Para muitos poetas é a pior dor mental que existe, e quanto mais se ama, maior é também o sofrer. E não estamos aqui falando do amor romântico, mas do amor-amor, do amor fraternal, do amor filia, do amor ao próximo.

Compreendem, agora, a força do sujeito do desejo, que é o desejo de ser reconhecido, de ser amado pelo outro? A ruptura desse vínculo traz consequências desastrosas para os sujeitos, independentemente, dos lugares onde ela esteja acontecendo.

A dor da morte é a que ocorre com a representação do ser desaparecido, fortemente carregada de afeto levando uma parte de nós com ele. Na dor da morte o luto implica um desinvestimento na representação do ser amado e que foi perdido. O desinvestimento no trabalho de luto não é outra coisa senão a redistribuição da energia psíquica que estava concentrada em uma só representação mental da realidade. Esse trabalho de desinvestimento tem que ser cumprido sob pena de o "ser humano" ficar paralisado por vários anos. Não pode haver meio termo, após um certo período, pois não podemos conviver com uma parte perdida e ao mesmo tempo com uma outra parte presente no sujeito enlutado.

A dor do luto vem da resistência ao desinvestimento na representação da pessoa perdida, pois ela resulta em um ser dissociado, um "ser humano" que conserva uma parte e que teve uma outra, subitamente, dele arrancada.

No luto, o amor e o saber não podem ser clivados, qual seja, uma parte presentificar a perda em nome do amor e a outra parte abre mão da perda em nome do saber. Quando o amor e o saber sofrem essa fratura, o sujeito perpetua o sofrimento por se eternizar o "ser" fraturado.

É essencial que qualquer pessoa patologicamente enlutada, possa contar com a ajuda de uma outra pessoa mais experiente, para que, de forma terna e firme contribua para que o luto seja concluído com êxito.

Sentido do equívoco

Sentido do equívoco

Equívocos são desvios colocados em prática, por meio da linguagem, que nem sempre são percebidos com facilidade, embora provoquem situações embaraçosas, tornando-nos a elas vulneráveis. Eles correspondem a falhas que ocorrem com frequência em outras atividades que são próprias do "ser humano". São muitas vezes chamados de "descuidos", "deslizes" ou de "falta de atenção".

No entanto, desconfiamos que possa existir algum sentido e propósito por trás desses equívocos que ocorrem no dia a dia dos "seres humanos" ditos sadios.

Ora, se pessoas sadias costumam ser ultrapassadas pela sua própria linguagem, fazendo-as falar ou fazer o que não tinham a menor intenção de dizer ou de fazer, por que não, isso não seria precisamente o que ocorre em relação aos casos dos equívocos?

Seria também o equívoco um tipo de desvio em relação ao que inicialmente fora intencionado conscientemente, mas, que no decorrer de sua efetiva realização poderia se supor a existência de um outro sentido, de um outro propósito oculto por trás dele? Esse seria precisamente o oculto do inconsciente, pois nessa instância, nada acontece por acaso.

Freud, a propósito dos equívocos, narra uma situação que acontecia quando ele atendia alguns pacientes em suas próprias residências, em função de alguma necessidade especial. Ele conta, que nestes casos com frequência acontecia de, no lugar de bater à porta ou tocar a campainha, que seria o usual, ele retirava do bolso as chaves de sua própria casa para abrir as portas das casas dos seus pacientes. Freud indagava-se a si mesmo por que estes equívocos aconteciam e eram frequentes. Será que por trás deles não haveria um sentido e um propósito inconsciente de "se sentir bem na casa destes pacientes como se fosse a sua própria casa"? Ou não haveria outros propósitos e sentidos inconscientes de que com as suas chaves ele pudesse realizar algum desejo de abrir portas que resistiam em ser abertas, quais sejam, as portas do inconsciente destes pacientes específicos, pois isso não acontecia de forma indiscriminada nas residências de todos eles?

Com as suas chaves não haveria em Freud um desejo pessoal de abrir portas que teriam todos os motivos para ficarem sempre trancadas e que nunca deveria haver justificativa para elas se abrirem?

Pela análise que Freud fez com grande zelo e minúcias de várias dezenas de casos diferentes de "equívocos em ação", em todos eles ficaram demonstrados que os chamados, até então, de "equívocos", "enganos", "deslizes" possuíam de fato por trás deles um sentido, um propósito, uma intencionalidade, uma involuntariedade inconsciente para demonstrar os acertos neles contidos. Em outras palavras, os equívocos, não passam de outra coisa senão de "grandes acertos" do inconsciente humano.

Um caso muito interessante lhe foi passado por uma famosa colega de trabalho, antes analisanda dele, sobre o caso do "leite derramado". Tratava da psiquiatra psicanalista, Lou Andreas Salomé, que tinha um aborrecimento constante de que sempre que fervia leite, ela o deixava derramar no fogão e no chão da cozinha. E isto acontecia mesmo nas épocas de grande escassez do produto, que fazia o preço do leite ter aumentos absurdos. Por esse "descuido" frequente ela era tida pelos mais próximos como uma pessoa "desajeitada", sobretudo, para pôr o leite para ferver, nos cafés da manhã. Aconteceu, no entanto, que de certa data para outra, de forma súbita, que a Dra. Lou Salomé passou a não derramar mais uma gotinha sequer do leite na cozinha de sua casa, quando o punha para ferver. E o interessante que essa mudança coincidiu exatamente, numa época em que o leite sofreu no mercado uma queda de preços muito grande, em função da abundância do produto. Mas, um dia, tomando o café da manhã em sua casa em companhia de seu professor e amigo, Dr. Freud, ele não conseguiu, até pela amizade que tinha com a aluna e colega, se abster de comentar que: "você não deixa mais o leite derramar como antes". E concluiu: logo agora, que seu preço está muito baixo! Nesse exato momento, a Dra. Lou Salomé deu vazão ao seu dito incontido: pois é, logo agora, que o preço do leite abaixou e logo agora que o meu cachorrinho, Amigo, morreu...

Esse era o nome do seu cachorrinho terrier branco que havia falecido a poucos dias atrás.

"Amigo" tinha o hábito de acordar cedo e ficar de pé na cozinha, o rabo abanando, esperançoso, aguardando com plena confiança o infortúnio que estava para acontecer: a doutora entornar o leite que fervia para que ele pudesse lamber e comer com alguns biscoitos que ela quebrava em pedacinhos e jogava para ele.

Ambos deram um suspiro como se tivessem treinados para fazê-lo ao mesmo tempo, levantando, em seguida, os rostos e os olhares um para o outro. Então, tudo de mais certeiro acabava de ser esclarecido para os dois amigos sobre o equívoco em ação.

"A passividade com que aceitamos os "equívocos, "os deslizes" em todos os casos pode, sem dúvida, ser tomada como prova de que existe um propósito e um sentido inconscientes em relação a todos estes atos."[45]

A conclusão geral que se chega é que certas limitações do funcionamento psíquico do "ser humano" é que as ações que praticamos aparentemente sem a menor intenção, mostram-se sob a luz da psiquiatria de base psicanalítica que são todas elas determinadas por motivos válidos, porém desconhecidos pela consciência. Por óbvio que tenham que ser assim, pois elas são de fato manifestações do inconsciente humano.

Para ser incluídos na categoria de fenômenos que são explicáveis, algumas condições têm que ser atendidas:

Não podem ultrapassar os limites próprios da condição humana, ou seja, têm que se situar dentro do que é possível.

Deve possuir o caráter de ser uma perturbação temporária e momentânea. É preciso que tenhamos a capacidade de realizá-la de maneira correta.

Não devemos nos ocupar em dispor de forma permanente de um recurso para as falhas, mas ao sermos corrigidos por outra pessoa temos que ter a disposição para corrigir a falta de atenção ou a causalidade.

---

45 FREUD, Equívocos na Ação. Livro VI.

Fazem parte deste grupo os casos de esquecimentos, os erros cometidos apesar de saber fazê-los de maneira mais assertiva, os erros da fala, os erros de leitura, os erros de escrita, os equívocos na ação e os erros chamados de "atos casuais".

Freud conta um fato casual de sua vida para sustentar que mesmo os números que costumamos dizer aparentemente sem a menor intenção, por trás deles há uma estrutura lógica do inconsciente que nos leva de forma involuntária a citá-los. Não que esses números sirvam para alguma coisa prática, em nossas vidas, como acertar números em jogos de azar ou coisa semelhante. Não é sobre isso que aqui estamos discorrendo. O que Freud quer demostrar é apenas que esses números, de repente os citamos, eles não foram ditos sem nenhum sentido ou intenção, mas que a intenção e o sentido foram produzidos pelo modo silencioso e ativo de como o inconsciente humano funciona, sem qualquer participação da consciência.

Vamos ao exemplo. Freud relata:

> *"Numa carta escrita a um amigo afirmei que eu havia corrigido meu livro 'A Interpretação dos Sonhos' e que não pretendia revisá-lo. Mesmo que ele tivesse 2.467 erros conceituais. Esse número foi dito de forma inopinada e surgiu aparentemente, sem mais nem menos. Mas, eu fiquei aborrecido com a expressão e, então, decidi tentar explicar esse número a mim mesmo e acrescentei uma análise, após já ter enviado a carta resposta ao amigo. O número 2.467 que escrevi na carta foi uma estimativa arbitrária e atrevida do que poderia ser o número de erros que supostamente teria cometido. O que de fato eu pretendia era chegar a qualquer número de erros que fosse muito grande, e então, emergiu este número absurdo.*

Mas, como no inconsciente não há nada que seja arbitrário, sem sentido, sem intenção ou indeterminado, então, o inconsciente saiu à minha frente e me fez antecipar este número que foi franqueado ao consciente, fazendo eu ter a consciência sobre o que de fato representa esse número dito a esmo.

Mas, o que sucede por trás disso? O que há de oculto?

Eu tinha acabado de ler no jornal que o general E.M. estava se reformando como comandante de artilharia. Esse homem, eu conheci quando ele era coronel e eu cadete médico da enfermaria. Um dia ele entrou na enfermaria onde eu estava de plantão e disse para o meu oficial médico: 'O senhor tem oito dias para me fazer sarar, pois tenho que fazer um trabalho para o Imperador que está esperando'.

A partir deste acontecimento, eu resolvi acompanhar a carreira dele. E veja só, agora, 1899, a carreira dele terminou e ele foi alçado ao posto de comandante de artilharia. Eu quis, então, calcular em quanto tempo ele percorrera esse caminho, supondo que eu o tenha visto no hospital, em 1882, seriam 17 anos depois.

Mas logo percebi que meu cálculo estava errado. Tinha que refazê-lo. Confiado na memória, eu comemorei minha maioridade (aniversário de 24 anos), em 1880, quando estava preso no quartel por descumprimento de ordem, isso foi há 19 anos. Aí já está o primeiro número, o 24 do conjunto de números ditos 2.467. Mas, aonde estaria a outra parte do número, o 67 do restante do conjunto?

Simples, minha idade atual é 43, acrescente os 24, que você terá o número 67!

Então, hoje (1889) ao dizer o número de erros 2.467, logo após ter lido o jornal em que o general comemorava a sua

> *aposentadoria, passando para a reserva como comandante da artilharia, isso só pode ter estimulado o meu inconsciente a reviver uma história que do ponto de vista de uma lógica de contagem de tempo, me deu o número que eu disse sem ter eu feito nenhum cálculo.*
> *Por isso, chegamos a este ponto para concluir que nem mesmo o número 2.467, que proferi sem nenhuma intenção, tirado de não sei onde, não deixou de ter seus determinantes vindos do inconsciente para a minha fala".* [46]

Nada que vem do Inconsciente humano é desprovido de sentido, intencionalidade, voluntariedade ou determinação. Nada será por acaso sempre que a fonte desta emergência coincide com a instância inconsciente humano!

46 Freud, 1901. Erros casuais determinados pelo Inconsciente Humano.

Freud e Lacan

Freud e Lacan

Em 1963, Jacques Lacan se desligou da Sociedade Francesa de psicanálise (SFP) e da Associação Internacional de psicanálise (IPA), pois ele não hesitou em recusar as restrições que haviam sido impostas a ele para poder continuar o exercício teórico e prático da psicanálise nestas instituições.

A bem da verdade, as imposições não foram criadas a esmo para serem impostas ao Dr. Lacan. O que de fato se sucedia é que o mais famoso psicanalista, depois de Freud, não concordava com a concepção, com as regras e com o modo com que a psicanálise continuava sendo praticada.

Digamos que de fato se tratava de uma divergência técnica e doutrinária havida entre o famoso profissional e os membros da IPA quanto à organização do ensino e à própria prática da experiência analítica. Ao que tudo indica, Jacques Lacan, que já se encontrava predisposto a implantar uma invenção disruptiva no modo de funcionamento da experiência analítica, à época, o que de fato chegou a ocorrer, encabeçada por ele e mais alguns colegas que comungavam as mesmas ideias, ele se desligou da IPA e da SFP.

Por iniciativa do médico Sigmund Freud, a IPA foi criada durante o segundo congresso internacional de psicanálise, realizado em Nuremberg, na Alemanha, em março de 1910. O primeiro presidente da IPA, por escolha direta de Freud, foi o discípulo, Carl Jung, que ele conheceu, em 1906.[47]

Quando Lacan desligou-se da IPA, Freud já havia falecido (1839). Imediatamente, em seguida Lacan com alguns amigos fundam, em 1953, a Escola Freudiana de Paris (EFP).

Mas, o que estava por trás destes acontecimentos?

O que se crê é que tenha sido uma radical divergência quanto à regulamentação da psicanálise pelo Estado, da qual Lacan era contrário.

Ele era contra a ideia de que deveria haver necessidade de criar um órgão oficial de controle para a psicanálise, onde ela só pudesse ser ensinada e praticada por analistas que fossem formados e certificados por um suposto Instituto Oficial de Psicanálise, recomendado e reconhecido pelo Estado.

Do contrário, os analistas formados não teriam mais a autorização para praticar a psicanálise, sendo os mesmos considerados ilegais, se acaso o fizesse de outro modo. O movimento que estava sendo feito era o da implantação de um controle estatal sobre a psicanálise, que perderia, assim, a sua autonomia como prática aberta.

Pelo que sabemos, o movimento continua ainda em aberto

47 Num certo momento de sua trajetória profissional Jung fez uma opção doutrinária e rompeu a aliança com Freud por meio de uma carta enviada, em 18 dezembro 1912.

em muitos países, exceto nos EUA, onde o credenciamento e a certificação já estão implantados sob a responsabilidade e competência dos Estados.

No Texas, por exemplo, de certa forma, a psicanálise foi incorporada à psiquiatria sendo praticada pelos psiquiatras como psiquiatria psicodinâmica. Um dos expoentes desta prática nos EUA é o Dr. Glen Gabbard do Colégio Baylor de Psiquiatria, em Houston, no Texas. O movimento continua ainda por trás de todos aqueles que atendem e praticam a psicanálise, apesar de até onde se sabe, a psicanálise isoladamente não é um tipo de ciência de acordo com o que se entende por ciência, nos dias de hoje.

Ao contrário de Lacan, Freud em vários momentos de sua história com a psicanálise, chegou a cogitar de que ela fosse ou pudesse se constituir como ciência, tanto é que em seus primeiros escritos, considerados como metapsicológicos, ele chegou a escrever o "Projeto para uma Psicologia Científica", conhecido simplesmente como "O Projeto".

Ao romper com a SFP e com a IPA, Lacan fez questão de elaborar um pronunciamento dizendo que "estava rompendo com a IPA, mas nunca com o ensino de Freud". Isto é verdade, pois a Escola que Lacan fundou, foi denominada "Escola Freudiana de Paris (EFP)." (1953).

Entre 1953 e 1963, a Escola Freudiana de Paris (EFP), fundada por Jacques Lacan ensinou o saber freudiano à maneira de uma aristocracia intelectual, formando os mais brilhantes psicanalistas franceses de sua terceira geração que passaram a integrar a EFP.

Entre eles destacam-se, Serge Leclaire, François Perrier, Piera Aulagnier, Wladimir Granoff, Jean Laplanche, Jean-Bertrand Pontalis, Eric Laurent e outros mais.

A psicanálise segundo o ensino de Lacan que, como uma febre se espalhou pelo mundo, representa um avanço em relação às bases lançadas por Freud.

Com Lacan a psicanálise foi conduzida para o campo da linguagem, posto que ela somente se aplique ao ser falante.

A primeira produção técnica escrita por Lacan, após um interstício de pesquisa de dez anos, em que ele fez uma revisão completa da psicanálise freudiana, foi o Seminário de número 11, denominado Conceitos Fundamentais da Psicanálise, cuja redação final ficou a cargo de seu genro, Jacques-Alain Miller, marido de Judite Lacan, falecida recentemente, em 2018.

Para Lacan os Conceitos Fundamentais da Psicanálise são em número de quatro, a saber:

Inconsciente (estudo do efeito Sujeito Humano, sua origem, constituição, sua estrutura como uma linguagem e seu modo de funcionamento)

Repetição (estudo das Causas posto que nada do inconsciente seja desprovido de sentido ou desprovido de determinação)

Pulsão (estudo do funcionamento da energia vital, constante, sempre dirigida ao psiquismo, sua montagem, arranjos e destinações)

Transferência (estudo da experiência analítica dos Sinthomas por meio do recurso da escuta e da palavra para que o saber do inconsciente se revele em ato e possa ser atualizado)

É sobre estes quatro pilares que se estrutura o construto da Psicanálise de Jacques Lacan.

Caro leitor, este cuidado de contar um pouco da história da origem e desenvolvimento da psicanálise, sobretudo as que são fundamentadas nas obras de seu inventor, Sigmund Freud (1836-1939), e de seu reinventor, Jacques Lacan (1901-1981) servem apenas de referência para que, se um dia você precisar de uma orientação, poderá contar com esta ajuda, tendo também um ponto de partida ou referência.

Espero que este breve comentário possa ser de fato para você, no momento oportuno de apontar direções para outros que também possam lhe questionar.

Podemos ousar aqui, como exemplo, sugerir algumas direções que temos boas razões para creditar que são sugestões válidas, sem que isto, importante que se diga, que não se trata em absoluto de qualquer forma de mandamento ou receita de bolo.

Há diferença entre "existir" e "ser", isso já foi afirmado neste livro.

O verbo "existir" fala no lugar e pelas criaturas. Os elementos da natureza. Os animais, por exemplo.

O verbo "ser" fala por si mesmo. Fala do lugar do ser falante.

Na condição de seres falantes, nós temos na palavra o nosso único instrumento de ação, de mudança, de desenvolvimento.

Façamos uso da palavra para construir, ajudar, bem dizer, dialogar.

Mas, lembre-se que o diálogo começa com a escuta.

A escuta é que nos possibilita conhecer o que se sucede com os nossos semelhantes.

Como não somos existências, mas "seres", nós dispomos do recurso do pensamento, da escuta e da palavra.

Há uma carência muito grande de escuta na pós-modernidade.

Esta pouca capacidade de escutar os outros cria muitos problemas, onde ela precisamente foi concebida para ajudar as pessoas em relação ao sofrimento mental.

Como podemos ajudar os nossos semelhantes, ajudar os que sofrem, os enfermos, os idosos, os aflitos, os abandonados se lhes recusamos a escuta.

Escutar é um ato de amor.

A solução dos problemas humanos começa pela escuta e se resolve também por meio dela.

Basta mudar de posição. Passar a escutar. Não precisar falar quase nada, sobretudo de falas vazias que fazem as pessoas perderem a crença na humanidade.

Vamos escutar. Vamos praticar a escuta. Vamos ficar atentos, sensíveis, pois muitas pessoas gostariam de ser escutadas por nós.

Quantas pessoas passam daqui para lá, de lá para cá, nas ruas de todas as cidades do mundo, mas ninguém sabe o que se sucede com elas.

Muito pouca gente está disposta a escutar, mas, esse é um grande problema que temos que resolver.

A grande maioria das pessoas sofre caladas, o que aumenta o sofrimento delas.

Como as pessoas poderão deixar de sofrer se não se escutar o que se passa com elas.?

Lembre-se que a cura do sofrimento humano começa na "voz de quem sofre".

Mas, para que a pessoa fale, tem que existir um ato associado, que é o de escutar.

Somos seres de linguagem, seres de palavra e por meio delas é que poderemos ajudar os outros.

Acidentes em questão

Acidentes em questão

A tecnologia de prevenção tradicional tem-se encontrado às voltas com o elevado número dos acidentes de trabalho, experimentando uma estagnação na redução deles. Ao investigar as ocorrências desses acidentes, os tecnólogos por utilizarem rotineiramente apenas os conhecimentos científicos, esbarram num impasse de compreensão da causa em questão.

A prevenção em curso no mundo corporativo tem desconsiderado de forma sistemática certas proposições aplicáveis ao campo da singularidade do sujeito do trabalho que, embora verdadeiras, foram obrigadas a se excluir do discurso científico, posto que, sem essa separação, a ciência não poderia se constituir como tal.

Isso nos lembrou Freud à época em que ao buscar a verdadeira compreensão das causas das doenças neuróticas, quando o discurso científico havia sucumbido ao intento, teve que demonstrar que a sua invenção – a psicanálise – era um instrumento de aplicação adequado.

Eis que, novamente, em função de outro impasse e, justamente por ter algo a dizer sobre ele, é que a essa "ciência" se coloca no desafio da compreensão do que está em causa no acidente do trabalho.

O fato é que ela apenas costuma ser lembrada nas ocasiões em que a ciência trava algum embate com os seus próprios limites e possibilidades.

Não sendo para alguns uma ciência, pelo menos no sentido que se entende "ciência", ela é constituída por certos objetivos, finalidades e desejos"[48] "...perfeitamente aplicável ao campo da singularidade do sujeito".[49]

E ela atua justamente no ponto em que a ciência se esgota, ou seja, bem no início da linha, no próprio fundamento cartesiano em que a ciência se baseia, já que contesta o cogito "penso, logo existo", posto que nem seja certo que de fato o ser...pense.

O Instituto Nacional de Seguridade Social (INSS) divulgou que, em 2011, as empresas privadas notificaram a ocorrência de 711.164 casos de acidentes de trabalho, dos quais, 2.842 resultaram em óbitos, o que representa 10 mortes a cada dia no exercício do trabalho, ou seja, a medida de um óbito para cada 250 ocorrências de acidentes de trabalho.[50]

Quanto ao serviço público nacional nunca na história os nú-

---

48 FINK. Prefácio. Para Ler o Seminário 11 de Lacan. p.7.

49 Fonte: INFOPÉDIA. A práxis como transformação da realidade. Sobre o princípio do termo práxis, Marx o transfere da concepção abstrata do espírito, para a atividade humana material e social concreta de transformação da realidade objetiva da natureza, da sociedade e do próprio homem.
http://www.infopedia.pt/pesquisa-global/praxis

50 Fonte: MPS/DATAPREV. http://www.previdenciasocial.gov.br/arquivos/office/1_121023-162858-947.pdf.

meros dos acidentes de trabalho chegaram a ser oficialmente divulgados. Não sabemos se de fato isso é apurado, conhecido e tratado em todas as três esferas (municipal, estadual e federal)

No Brasil, o que resta publicado é um cipoal de leis que dispõe sobre a proteção jurídica dos trabalhadores, entre as quais:

A Constituição Federal (CF), que assegura aos trabalhadores o direito à proteção contra os acidentes de trabalho, sem excluir a indenização a cargo do empregador, quando ela incorrer em dolo ou culpa grave.[51]

A Legislação Previdenciária, que define o acidente de trabalho como sendo aquele que ocorre pelo exercício do trabalho a serviço da empresa, provocando lesão corporal ou perturbação funcional que cause a morte, a perda ou a redução, permanente ou temporária, da capacidade para o trabalho. [52]

A Legislação Trabalhista, que obriga os empregadores a implantar nas empresas programas de prevenção contra acidentes de trabalho e doenças ocupacionais.[53]

Do excesso de leis à precariedade do cumprimento, os números de acidentes e mortes no trabalho têm mantido elevados. Por este motivo que o Ministério da Previdência Social foi compelido a criar, no período de 2003 a 2010, o Fator Acidentário de Prevenção (FAP), um indicador supostamente capaz de revelar o desempenho das empresas no que concerne à redução da sinistralidade no trabalho. [54]

---

51 Constituição da República Federativa do Brasil 1988. Artigo 7º Inciso XXVIII - seguro contra acidentes de trabalho, a cargo do empregador, sem excluir a indenização a que este está obrigado, quando incorrer em dolo ou culpa.

52 Ministério do Trabalho e Emprego. Artigo 19. Lei 8.213, de julho de 1991. Define o acidente de trabalho.

53 Ministério do Trabalho e Emprego. Artigo 157. Lei 6.514, de 22 de dezembro de 1977. Torna obrigatório o estabelecimento de normas e programas de saúde e segurança no trabalho.

54 Lei 10.666, de 08 de maio de 2003. Dispõe sobre a flexibilização das alíquotas do SAT –

Eu tenho, meus caros leitores, muito orgulho em ter participado deste movimento de construção da Medida Provisória e da Lei , em seu marco zero, ou seja, no início de tudo, ainda no final do governo Fernando Henrique Cardozo, em setembro de 2003, quando seu último ministro da previdência foi o José Cechin. Com o início do governo Lula, o ministro Ricardo Berzoini pôs um fim em grande parte desta que seria uma grande mudança para o País, pois com ela implantaríamos o modelo espanhol de mutualidades no Brasil. O modelo de mutualidades espanhol, ainda é o melhor modelo de prevenção e tratamento das questões dos acidentes de trabalho.

Conforme os resultados obtidos através do FAP que evoluiu da referida MP, as empresas passariam a receber do Seguro Social um prêmio ou uma multa em dinheiro, cujas cifras podem beirar a milhões de Reais por ano, por empresa. [55] Se ele vai de fato remunerar ou penalizar o desempenho e manter este sistema ao longo dos tempos, isto só o futuro irá confirmar.

Quem não está habituado a cifras tão elevadas assim, pode até estranhar, mas o fato é que os gastos totais com os acidentes de trabalho no Brasil beiraram R$72 bilhões por ano, em 2011.

Esse valor representa cerca de 9% da folha bruta anual de salários dos empregados do setor formal, que é da ordem de R$ 800 bilhões. [56]

Quando ocorre um acidente de trabalho, os técnicos de segurança das empresas se mobilizam para realizar minuciosas investigações com a finalidade de encontrar o que na "dizência" deles é

Seguro Acidente de Trabalho.

55 Decreto 6.957, de 09 de setembro de 2009. Dispõe sobre a implantação do FAP – Fator Acidentário de Prevenção, a partir de 2010.

56 FIPE: Fundação do Instituto de Pesquisa Econômica. Pesquisa divulgada no site http://www.conjur.com.br/2011-out-21/economista-brasil-gasta-71-bilhoes-acidentes-trabalho

conhecida como a "causa básica", aquela que supostamente seria a causa responsável pelo acidente.

Nessas ocasiões, eles operam com a hipótese de que uma vez identificada a "causa básica", é possível por meio de seu controle, evitar a ocorrência de novos acidentes semelhantes.

Não sabemos ao certo o que quer dizer exatamente a expressão "novos acidentes semelhantes", principalmente quando se acompanha Heráclito de Éfeso no dito de que "ninguém se banha duas vezes no mesmo rio", pois, na segunda vez, nem a pessoa nem o rio serão os mesmos.

Não duvidamos da perspectiva ética dos técnicos de segurança do trabalho em sua intenção nem de sua capacidade de produzir conhecimentos à custa do seu próprio raciocínio, mas é que os pensamentos conscientes são a todo instante atravessados pelo modo de funcionamento do inconsciente, o que precisa ser levado em conta.

O conhecimento científico em que a atual tecnologia de prevenção se baseia, conquanto seja um sistema teórico de proposição de verdades, de fato não dá conta de compreender a causa em questão na acidentalidade, a exemplo do modo de funcionamento do inconsciente.

Sem uma revisão do que se está perpetuando com o nome de prevenção, muitos pontos continuarão sem ser elucidados; outros tantos continuarão como se fossem insultos à razão.

Diante dessa *"sinuca de bico"* – expressão alusiva ao bilhar de Hume – os técnicos de segurança passam a nos interrogar se não haveria outra referência teórica para elucidar o que de fato existe na "lei" do acidente de trabalho?

Existiria nela o mesmo que existe na lei de causa-e-efeito?[57]

Nesse momento em que se examina a possibilidade de existir outra referência teórica para falar da causa e da repetição do acidente de trabalho, cabe aqui perguntar:

A psiquiatria de base psicanalítica, enquanto uma ciência constituída na ideia de que há de fato um sujeito dividido e o seu modo de funcionamento psíquico, teria algo a dizer sobre o que está em causa no acidente de trabalho?

O acidente de trabalho, cuja causa e repetição resistem em ser compreendidas pela razão cartesiana, constitui um tema que à esta ciência interessa?

A psiquiatria de base psicanalítica, ainda que em extensão, implicada que está com as questões de seu tempo, teria algo a propor na direção da solução da causação dos acidentes de trabalho humanos?

O objetivo deste livro pretende é apresentar algum entendimento sobre a relação causa - repetição no acidente do trabalho, tomando como as referências as obras de psiquiatria de base psicanalítica de Freud e Lacan?

A psiquiatria de base psicanalítica tem a dizer pelo menos sobre dois termos presentes na recente indagação: causa e repetição.

Iniciamos aqui a nossa reflexão averiguando o saber no qual os técnicos de segurança do trabalho se fiam para afirmar que, conhe-

57 HUME (1711-1776) - filósofo escocês - não encontrou, em nenhum setor da experiência, uma impressão concreta de causalidade que torne legítima a ideia de causa, aqui, evocada: Consideremos de início, a experiência externa: vejo que o movimento de uma bola de bilhar é seguido do movimento de outra bola com que a primeira se chocou, assim como vejo que o aquecimento é seguido da ebulição: vejo, então, que o fenômeno **A** é seguido do fenômeno **B**. Mas o que não vejo é o porquê dessa sucessão. É certo que posso repetir a experiência e que, cada vez em que a repito, o fenômeno **B** se segue ao fenômeno **A**. Mas, isto não esclarece nada. A repetição constante de um enigma não é o mesmo que a sua solução. Vejo bem que, entre os fenômenos **A** e **B**, há uma *conjunção constante*, mas não vejo a *conexão necessária*. Constato que **A** se mostra e que, depois, **B** aparece. Mas não constato que **B** aparece porque A se mostra. **A** experiência externa apenas me fornece "o que", isto é, o *antes e o depois*, não me dá a origem do "*por que*".

cendo a "causa básica", torna-se possível dominá-la a ponto de evitar a ocorrência de novos acidentes.

Eles de fato se fiam numa falha de saber, pois não existe uma relação direta entre causa e efeito no acidente de trabalho, nos mesmos moldes daquela que existe na mecânica newtoniana.

Trabalham com a tese de que a relação causa-e-efeito, que funciona muito bem nas ciências naturais, possa igualmente funcionar na relação entre o trabalhador e o acidente de trabalho.

Entendo o de que eles foram levados a se convencer em seus estudos de segurança ocupacional, todavia o sistema teórico de proposições que utilizam de rotina não é, de forma alguma, aplicável aos fenômenos inerentes à singularidade dos sujeitos humanos no trabalho.

Um sistema teórico assim concebido talvez até pudesse ser aplicado ao campo dos acidentes de robótica nas linhas de montagem automatizadas.

O impasse aqui reside precisamente em não levar em conta a *falha humana* na proposição de saber sobre o que está em questão?

Por que inventar um dispositivo categórico e denominá-lo de "falta básica", que não existe e nem serve para nada, no lugar de considerar o que já existe e que é comprovado pela psiquiatria de base psicanalítica, que é o fato de o humano ser ele próprio o sujeito da "falha básica"?

A par disso, nós nos servimos deste outro sistema teórico de proposição, de fato eficaz no campo da singularidade do sujeito e suas relações com a linguagem, com os atos, com a vida, com o trabalho, com os outros, com a cultura etc.

O que propomos aqui é a própria aplicação da experiência da psiquiatria de base psicanalítica na compreensão e na solução das questões que estão em causa no acidente do trabalhador, nas repetições, nos pensamentos e nos atos desse sujeito humano.

Segundo Gödel, o saber de um determinado sistema teórico de proposições pode ser eficaz, caso as suas verdades estejam sendo demonstradas em seu campo específico de aplicação.[58]

De fato, todo sistema teórico de proposições é, por si mesmo, incompleto, posto que fosse obrigado a excluir de suas demonstrações outras verdades para se constituir como tal.

Ainda sobre o caráter limitado dos sistemas teóricos de proposições, Gastón Bachelard, ao tratar da hipótese mecanicista sobre a existência de uma suposta causa básica no acidente de trabalho humano, afirma:

"Em uma perspectiva de causalidade mecânica – o que determina e o que é determinado - o ideal no período mecanicístico para que tudo seja de fato determinado no fenômeno é que tudo nele seja redutível a propriedades mecânicas".[59]

Ora, o fenômeno acidente de trabalho que implica o sujeito humano que se acidenta, bem como os outros sujeitos de seu grupo que do acidente participaram de alguma forma, jamais serão em absoluto redutíveis a simples propriedades mecânicas.

Vejam como se erra sempre que se faz o uso de proposições de um determinado sistema teórico, fora de seu próprio campo de aplicação. Ao fazer isso, incorre-se num erro grosseiro, em um enorme abuso epistemológico, que só pode gerar como resultado: uma completa falta de rigor na condução da pesquisa científica em questão.

O campo próprio do sujeito dividido, de sua estrutura e do seu modo de funcionamento inconsciente é o campo da linguagem, da epistemologia dos discursos no qual o termo causa não está em

58 Teorema da Incompletude de Kurt Gödel: possibilidade de expressar os paradoxos usando a linguagem matemática. O teorema afirma que todo sistema teórico de proposições contém por definição uma contradição interna que delimita os seus poderes efetivos e os limites reais de aplicabilidade do saber correspondente.

59 Gastón Bachelard nasceu em 27 de junho de 1884, em Champagne, França e faleceu em 16 de outubro de 1962, em Paris, França. Filósofo do "novo espírito científico" dedicou-se às questões referentes à ciência e filosofia.

questão, devendo, pois, ser corretamente nominado como uma "falha humana" comum, recorrente, própria do ser falante.

Se estivéssemos tratando daquele fenômeno da maçã que cai do galho, por exemplo, tudo nele seria redutível a propriedades mecânicas. Nele, o termo causa estaria bem aplicado. Nenhum reparo a fazer.

Mas o termo causa, no acidente do trabalhador humano, quando, por exemplo, quebra o seu pé ao cair de uma escada, não pode ser aplicável, no que essa não tem de regularidade mecânica para a sua previsibilidade.

Na lei da Física é assim: ação e reação, uma não anda sem a outra.

Em "A crítica da razão pura", Kant afirma que "...a razão humana não pode nem evitar a questão metafísica nem dar solução racional à questão da causa de perspectiva mecanicística". [60]

Lacan, referindo-se a Aristóteles em "Teoria das quatro causas" afirma que, "...na categoria da causa acidental todo efeito é sucedido da causa, não sendo possível haver a priori nenhuma experiência determinística com ela".

"Da função de causa, ela, a "falha humana" quase se diz tratar de um conceito inanalisável, impossível de ser compreendido pela razão cartesiana".[61]

Para melhor compreender o que está em causa no acidente de trabalho envolvendo o sujeito humano, propomos dar a ela um encaminhamento à luz da experiência da psiquiatria de base psicanalítica.

E é precisamente isso que vamos tratar no capítulo que se segue.

---

60 Em *Crítica da Razão Pura*, Kant levantou a seguinte questão: como posso obter um conhecimento seguro e verdadeiro sobre as coisas do mundo? Duas escolas filosóficas, tradicionalmente, respondiam de formas diversas ao problema do conhecimento. Para os racionalistas (Platão, Descartes, Leibniz e Espinosa), todo conhecimento provém da razão, enquanto, para os empiristas (Aristóteles, Hobbes, Locke, Berkeley e Hume), ao contrário, somente os dados da experiência sensível fornecem as bases para o conhecimento humano.

61 LACAN. Seminário XI. p.27.

Real dos acidentes

Real dos acidentes

Para esclarecer melhor o de que se trata a causa Real e a repetição dos acidentes, Lacan recorreu à Metafísica de Aristóteles em sua Teoria das Quatro Causas – retomando a noção de causa acidental, que ele divide em: Tiquê e Autômaton.[62]

Em Aristóteles, os termos Tiquê e Autômaton estão referidos a uma ordem natural de acontecimentos na qual os dois tipos constituem uma exceção, uma acidentalidade, um desvio que surge de forma inesperada, sem que a razão humana possa atribuir-lhes qualquer inteligibilidade.

Autômaton significa "algo que insiste em se mover por si mesmo", ou seja, algo que acontece sem que tenha que haver qualquer

62 ARISTÓTELES - filósofo grego, aluno de Platão, nasceu em Estagira, 384 AC e faleceu em Atenas, 322 AC. Para ele, a investigação filosófica é acima de tudo uma investigação sobre as causas das coisas, entre elas, as causas acidentais – a Tiquê e o Autômaton.

deliberação humana consciente e cujo efeito é sempre o de uma surpresa, de algo inesperado.

Para Lacan, a causa Autômaton corresponde, no inconsciente, ao desdobramento automático da repetição da cadeia significante, uma causa relacionada ao automatismo inconsciente da insistência dos signos em retornar, em repetir, aos quais nos vemos submetidos pelo princípio do prazer.

Tomando o conceito de Autômaton ao pé da letra, o sujeito do inconsciente atua em conformidade com o que a todo instante retorna em forma de signos.

Enquanto o Autômaton diz respeito à repetição automática do inconsciente pulsional, a causa Tiquê designaria outra coisa: aquilo que rompe em absoluto e abruptamente com esse automatismo, como imposição das fissuras existentes dentro da própria rede simbólica da estrutura do inconsciente.

A causa Tiquê, portanto, designaria o encontro com o Real – encontro esse que se trata no que a psiquiatria de base psicanalítica descobriu: o encontro com a própria falta. O encontro com o objeto vazio.

A causa Tiquê é traduzida por Lacan como algo que, sendo externo aos próprios acontecimentos, escaparia da realidade para surgir sem o menor sentido, como um imperativo absoluto para, no final, submeter por inteiro o sujeito humano. Temos aqui o surgimento da face mais cruel do Real: a violência em si mesma com a brutalidade que lhe é peculiar.

No acidente de trabalho os desdobramentos do automatismo inconsciente da cadeia significante e a ruptura abrupta desse automatismo imposta pelo Real respondem pela função da causa em questão.

Se a causa Tiquê é referida ao Real, perguntamo-nos: o que vem a ser esse Real para o ser falante?

Lacan, responde que "o Real para o ser falante é algo que se perde em algum lugar e, se Freud fincou o pé que ele se perde na relação sexual, bem no final da animalidade do "Isso" e bem no princípio do advir de um ser humano e sua entrada na linguagem, no mundo dos signos.

Sé aí mesmo que Freud disse que o Real se perde para assegurar o "advir" de um novo ser humano", é porque é lá mesmo que ele se perde para sempre.

Para Lacan, "...o inacreditável é que ninguém, antes de Freud, sequer suspeitou da existência desse Real, apesar de ele se tratar visceralmente da própria essência da vida do sujeito humano". [63]

Assim, o Real é aquilo que se excluiu da possibilidade de fazer parte da linguagem. Esta mesma linguagem que caracteriza o ser falante.

"O Real é o que está excluído da cadeia significante e, que, estando excluído, gira por fora, em torno dela, fazendo o sujeito dar voltas e mais voltas numa tentativa de articular o que lhe parece estar em questão, mas que ele próprio não consegue o apreender, a menos que, na transferência o ser analista possa apontar para a direção desse lugar". [64]

"Como não se pode em absoluto haver um encontro direto com o Real, os nossos pensamentos estão sempre destinados a perder o seu alvo. Mas, é somente com a experiência analítica é que se pode atingir a causa, no nível de onde a fala cala, falha, naquilo que não pode ser nem nunca será sequer um pensamento sobre sua essência". [65]

É impressionante como o Real presente na causa acidental intromete-se de forma sorrateira, para, então, bruscamente e, ao final, produzir o trauma – que é precisamente a sua face horrenda – algo absolutamente inassimilável por qualquer ser humano.

---

63 LACAN. Conferência de Louvain. Bélgica. 1972.

64 FINK. Para ler o Seminário 11. p.241.

65 FINK. Para ler o Seminário 11. p.242.

Leia o livro, assista no Youtube o filme com o impressionante depoimento:

"Eu sobrevivi ao Holocausto" - o dito na voz de quem sofre na alma e no corpo as atrocidades de Hitler. Nanette Blitz Konig – a sobrevivente.

O Real é essa estranheza, esse inassimilável, essa horrenda face da crueldade, da brutalidade e do desamor absoluto à humanidade do homem.

– Que coisa estranha é essa, meu Deus?

– O que está acontecendo comigo diante dessa manifestação Real?

A dúvida atroz de Slavoj Sizèk sobre as idas e vindas do Real:

Será que para enfrentar os impasses do universo simbólico, pode um evento traumático ser retroativamente ressuscitado de modo a preencher as lacunas de sentido e de significado? [66]

Lacan afirma que nem mesmo em sonho pode haver um encontro direto, sem mediação com o Real, pois a sua representação é sempre faltosa.

Não existe significante para o Real. [67] Ele não pode ser posto, explicado ou decifrado em palavras, pois elas faltam (falta de significante)

Freud, na carta 52, revela que o inconsciente é produtor de um saber e que esse saber se manifesta sob a forma de sintomas, sonhos, chistes, atos falhos, lapsos etc. e que de todas as suas representações se exclui o Real, que vige por trás delas.[68]

---

66 ZIZÈK. Como ler Lacan. p.93. Zahar.

67 LACAN. Seminário 11. p. 167. Lugar-tenente: lugar onde algo que vige por trás da representação se coloca como índice daquilo que é impossível de ser representado: como um referencial do que carece de significante.

68 LACAN. Seminário 11. p.166. E como pode o sonho, portador do desejo do Sujeito, produzir em repetição justamente o trauma, senão pelo aprisionamento do sistema da realidade pelo princípio do prazer, de modo a deixar para trás uma parte essencial daquilo que é da ordem do Real como que a impedir que a vida não seja somente um sonho?

O sujeito do inconsciente atuando em conformidade com o que retorna em forma de signos estará a caminho da satisfação se havendo a todo instante com o que está em causa no acidente de trabalho que são a falta e a pulsão.

Sobre a falta temos o Real. Sobre a pulsão temos a Energia que anima a vida.

A pulsão é o que dá causa ao movimento de satisfação de que toda a vida depende, pois, nenhum trabalho psíquico de representação – simbólico ou imaginário – pode ser realizado sem que haja demanda pulsional.

Trata-se de uma força interna constante que atua – sem mediação – entre o somático e o psíquico, dando causa aos pensamentos, imagens e ações.

De fato, essa força vital do ser falante possui características muito particulares, dentre as quais destacamos algumas:

a. Não ser um estímulo proveniente do exterior, mas uma força interna do próprio organismo;

b. Atuar diretamente sobre o psiquismo sem intermediação ou interferência;

c. Exigir a realização de um trabalho psíquico de representação que seja capaz de responder ao estado de premência por ela instalado;

d. Atuar de forma constante e permanente durante as vinte e quatro horas do dia ou, se quiser dizer com Freud *"A pulsão não tem dia nem noite, não tem primavera nem outono, ela não tem subida nem descida"*.

Quanto ao movimento psíquico – circuito da pulsão – ele é o do contorno de um objeto qualquer fora do corpo próprio, com a finalidade de retornar ao próprio corpo, onde alcança a satisfação. Aliás, sempre parcial e fugaz. Do jeito que a vida pode suportar e mantê-la.

Se levarmos em conta que a pulsão provém do interior do próprio organismo, aquele tipo de resposta em forma de fuga motora característica da montagem inata, trata-se de um recurso completamente inútil em termos assegurar a satisfação, pois não é disto que a pulsão se trata, pois aquilo que se satisfaz, não possui consciência alguma sobre o que está ocorrendo com ela.

A Pulsão (Trieb) não guarda nenhuma relação com o Instinto (Instinkt) que é um estímulo externo, momentâneo, de que trata a satisfação da necessidade, como, por exemplo, a fome que leva um animal a comer sua presa para fazer recuar ou aliviar essa pressão, essa urgência de sobrevivência.

A Pulsão não pode, em hipótese alguma, ser considerada como um sucedâneo atualizado do instinto animal. Não é disso que ela se trata.

Sobre essa diferença, Freud afirmou: "São as pulsões e não os estímulos externos os verdadeiros motores do progresso que levaram o sistema nervoso ao seu atual desenvolvimento". [69]

O instinto é exclusivo do animal e funciona como uma montagem concebida numa perspectiva referida a uma finalidade, que, quase sempre é a da copulação, sobrevivência e da perpetuação da espécie.

Essa forma de montagem instintual opera com base num programa neurológico inato primitivo – ligado à sobrevivência – cuja vantagem adaptativa que ele confere à espécie possibilita a sua seleção natural.

O exemplo – dado por essa forma de montagem – especifica muito bem, por exemplo, o que fará com que a galinha se arrie contra o chão quando a alguns metros acima de sua cabeça se faz passar um papelão recortado em forma de gavião.

---

69 FREUD. Vol. XIV. p.126. Edição Standard Brasileira. Imago.

Esse gesto desencadeia nela uma reação inata de defesa que, sem ser forçosa, é mais ou menos apropriada à finalidade a que está destinada.

Por outro lado, o circuito pulsional trata de outro tipo de montagem, mais complexa, que exige outros tipos de respostas que não são a da satisfação de uma necessidade biológica ou de uma reação de fuga.

Para Lacan, é preciso ler Freud para verificar como a pulsão define todas as formas pelas quais se pode inverter um dado mecanismo psíquico, em qualquer ponto ou momento, para assegurar a satisfação pulsional.[70]

Por ser um conceito limite entre o psíquico e o somático e, por carecer de uma inscrição direta, ela não ingressa no domínio psíquico a não ser através do que Freud denominou de um "representante psíquico da Pulsão", que faz com que ela apareça no plano do pensamento através de seu representante ideativo (Vorstellungsrepräsentanz).

Como se sabe o representante psíquico da pulsão possui dois componentes: um ideativo e outro afetivo.

O componente ideativo (registro imaginário) equivale ao que Lacan denominou de "significantes do desejo". Ele tem a ver com a lembrança dos traços mnêmicos, tal como apresentado por Freud – Projeto para uma Psicologia Científica - 1895 (Entwurf). [71]

Já o componente afetivo pode deslocar-se de uma representação para outra, causando-nos, muitas vezes, a sensação de estranheza no material afinal revelado. Não deixa de ser algo dissociado da outra que era esperada para ocupar o seu lugar na percepção.

O conceito de Pulsão tal como forjado por Freud, constitui, por si só, uma elaboração revolucionária no contexto do debate que envolve a questão da causa.

---

70 LACAN. Seminário 11. P.167. A pulsão é uma montagem que, de saída, apresenta-se como não tendo nem pé nem cabeça – no sentido que se fala de montagem na colagem surrealista.

71 FREUD. Vol. I. p.335. Edição Standard Brasileira. Imago.

Mas, Freud fez mais que isolar a função da causa: ele se debruçou sobre a natureza da Pulsão, até extrair a estrutura que a determina, demonstrando todos os seus termos constitutivos.

Assim, em 1915, Freud distinguiu os quatro termos na Pulsão: Impulso (Drang), Fonte (Quelle), Objeto (Objekt) e o Alvo (Ziehl).

A descoberta de Freud permite-nos afirmar que o que dá causa ao ato possui a própria força que o deflagra, uma fonte com a qual a força guarda uma relação, um objeto fora do corpo a ser contornado e um alvo ou finalidade - este sim – estritamente ligado à questão da satisfação pulsional.

Lendo simplesmente a lista de termos da Pulsão podemos achar que ela é bastante natural, mas de fato, no detalhamento desse conceito veremos que ela não é tão fácil assim de ser compreendida.

Quanto ao Alvo (Ziehl) a finalidade da Pulsão é sempre a da satisfação, porém a satisfação não seria de fato atingir "na mosca" o seu alvo, como uma fera que saindo de sua cova, encontrasse e comesse a presa.

É que para a pulsão o alvo – finalidade – se realiza pelo movimento de contorno de um objeto fora do corpo próprio e o seu retorno ao próprio corpo, onde se dá a satisfação, sempre parcial.

O movimento tem a característica de nos deixar babando, com um gostinho de quero mais na boca. (pulsão oral).

De fato, a pulsão pode até, por exemplo, ser inibida de atingir o seu alvo, sem que isso signifique abrir mão da satisfação pulsional. Um dos destinos da Pulsão que é a sublimação consiste exatamente em ser ela inibida de atingir o seu alvo. Nem por isso, a sublimação é uma satisfação menor da pulsão, quando comparada com os seus outros destinos, que por sinal, são também em número de quatro. [72]

72 Destinos da Pulsão: 1°. Ser recalcada na origem 2°. Voltar-se contra o próprio Sujeito 3°. Transformar-se no seu oposto 4°. Sublimação.

Todos os destinos da pulsão estão igualmente, cada um ao seu modo, a serviço da satisfação.

Quanto ao Objeto (Objekt) da Pulsão, ao contrário do que ocorre no Instinto, ele é apenas um obstáculo que será contornado no percurso de se atingir uma satisfação.

É assim que a pulsão oral, por exemplo, se satisfaz quando o alimento bonito e apetitoso está justamente a caminho da boca.[73] É nesse tempo e movimento que se concentra e se frui o prazer.

Passando da cerca representada pelos dentes, esse prazer se perde. Não é o que se come aquilo que satisfaz o ser humano. O que satisfaz o ser humano é a apresentação do alimento, seu aroma, suas propriedades estéticas, mas nunca a massa mastigada. Esta nunca satisfará o ser humano. Está aí, a obesidade mórbida para nos provar o que estamos dizendo: quanto mais se come, menos o ser humano se satisfaz.

O Objeto da pulsão é sempre parcial, tratando-se de frações de um todo, no caso em questão, o aroma, o sabor, a forma, a cor, a temperatura, a combinação de elementos, a disposição, os comemorativos relativos ao alimento e ao alimentar-se. [74]

Quanto à Fonte ou a origem da energia pulsional (Quelle), ela é relacionada à borda do corpo (zona erógena).

Embora o estudo da fonte seja decisivo para se entender os destinos do movimento pulsional, a existência da pulsão se manifesta mesmo na vida psíquica é pelos seus fins (Ziehl).

Assim, o uso do conceito da Pulsão tem para nós o valor de fazer causa ao movimento da vida, pondo em questão o que é da ordem da satisfação.

73 LACAN. Seminário 11. p. 164.

74 Em sentido amplo, Objeto é o fim do ato. Já o objeto parcial é um conceito psicanalítico de objetos fracionados que fazem parte de um conjunto mais amplo no desenvolvimento da satisfação pulsional.

A par disso, é importante conhecer como o sujeito do trabalho lida com a sua economia pulsional, pois existem formas saudáveis e formas gozosas (sacrificiais) de se lidar com ela.

Sabemos que uma coisa é responder ao jogo pulsional dentro de contornos simbólicos (saudável), outra é responder a ele na condição de uma vítima sacrificial (gozo), que é uma resposta Real, vazia e cruel.

Responder na condição de vítima significa responder no campo do gozo, no campo da pulsão de morte, o mesmo que nos leva empurra aos trancos e tropeços ao encontro com o Real do Trauma. Do acidente. Da morte.

Ora, intervir psicanaliticamente, enquanto puder, significa iniciar-se pela transferência para produzir sujeitos transformados.

Com relação à ética geral da psicanálise, face às críticas a ela dirigidas, Freud declara:

"Não me é possível tentar aqui justificá-la; mas posso assegurar que os que conhecem a prática e a técnica psicanalítica adquirem ampla confiança em suas descobertas. Não garanto ter alcançado resultados perfeitos, mas asseguro que empreguei o máximo cuidado para chegar a eles".[75]

A transferência psicanalítica é um conceito que tem a ver com atividade de transformação das circunstâncias no processo de construção de saídas exitosas, saídas éticas para os sujeitos humanos. [76]

Um tipo de saída assim, é que procuramos na prevenção dos acidentes de trabalho graves e fatais, que são formas ocupacionais de expressão das violências.

75 FREUD. Vol. IX. p.191. Edição Standard Brasileira. Imago.

76 GUEGUEN. Transferência como logro. Para ler o Seminário 11 de Lacan. p.93.

Acidente e o ato falho

Acidente e o ato falho

Para compreender melhor o problema da causa em questão nos atos humanos, temos que fazê-lo à luz da experiência da psiquiatria de base psicanalítica, o que implica a evocação dos saberes da estrutura e do modo de funcionamento inconsciente, tal como ele fora forjado por Freud.

Tomamos em Freud algumas questões que servirão de base para a nossa tese de tudo aquilo que está em causa nas falhas humanas tem a ver diretamente com o inconsciente. São os tropeços e os atos falhos que surgem como manifestações mais ou menos comuns que partem do inconsciente. Existem também formar constantes, repetitivas de ser e de funcionar que definem e identificam verdades próprias e estruturais do inconsciente das pessoas. Falamos aqui daqueles fenômenos constantes que as caracterizam como sendo a sua verdadeira essência, que sãos os sintomas que insistem em se repetir como sendo a sua espécie de vida mais autêntica que possamos conhecer: os sinthomas.

As diferentes instâncias do psiquismo humano (consciente, pré-consciente e inconsciente) funcionam, cada uma, segundo o seu modo de como elas são estruturadas para funcionar.

O consciente, por ter a consciência de si, trabalha com o saber que é sabido e, como sabe muito bem para que serve, ele se coloca em funcionamento para produzir os resultados programados e pretendidos, atingir os objetivos almejados em relação aos vínculos pessoais e os negócios.

Ele atua como o ego regulador, construindo e manipulando de forma firme e segura a direção do que pretende realizar e obter.

Sobre isso temos algumas questões a fazer para melhor compreender o de que estamos dizendo, quando se trata da eclosão de sofrimentos, de acidentes e de muitas formas de violência perpetradas pelos seres humanos, uns contra os outros.

Pergunto, por exemplo, se existiriam atos ligados aos acidentes de trabalho que não teriam que ter sido antes experimentados pelo consciente dos trabalhadores para serem executados em seguida?

Haveria de sempre existir a consciência de uma experiência prévia para a execução dos atos?

Todo ato mental executado teria necessariamente que ser antes experimentado pelo sujeito do trabalho, por meio de sua própria consciência?

Outra questão seria a seguinte:

Na existência de atos mentais executados pelos trabalhadores sem que tenham sido antes experimentados pela consciência, a consciência teria alguma explicação demonstrável a oferecer sobre o caso?

Ele teria algo a dizer por que, então, não teria agido para evitar o ato que deflagrou o acidente?

Seria assim de fato o consciente tão negligente quanto ao valor e importância de se evitar o acidente?

Ou deveremos nós ser levados a acreditar que o consciente não tem a força nem o poder necessário para evitar esta espécie de atravessamento fatal que o inconsciente costuma com muita frequência impor ao consciente?

Para Freud, "Ela (a suposição do inconsciente) é necessária porque os dados da consciência apresentam um número muito grande de lacunas; tanto nas pessoas sadias como nas doentes, pois ocorrem com frequência atos psíquicos que só podem ser explicados pela pressuposição de que existem outros atos mais potentes, para os quais, não obstante, a consciência não oferece qualquer prova. (...). A nossa experiência diária nos tem familiarizado com ideias que assomam à nossa mente vindas não sabemos de onde, e com conclusões intelectuais que alcançamos não sabemos como, semelhantes a estas que acabamos de concluir aqui.

Todos esses atos conscientes permanecerão desligados e ininteligíveis, se insistirmos em sustentar que todo ato mental que ocorre conosco, necessariamente deveria também ser experimentado por nós, através da consciência; por outro lado, esses atos se enquadrarão numa ligação demonstrável, se interpolarmos entre eles os atos inconscientes sobre os quais estamos conjeturando. Uma apreensão maior do significado das coisas constitui motivo perfeitamente justificável para ir além dos limites da experiência direta.

Quando, ademais, disso resultar que a suposição da existência de um inconsciente nos possibilita a construção de uma norma bem-sucedida, através da qual podemos exercer uma influência efetiva sobre o curso dos processos conscientes, esse sucesso nos terá fornecido uma prova indiscutível da existência daquilo que havíamos suposto. E será daí que retiraremos os conceitos que nos permitirão fazer a prevenção dos acidentes graves e fatais. A prevenção é possível. E, ainda mais, ela se nos anuncia, antes de o acidente de fato passar ao ato (tornar-se uma realidade irreversível).

Assim sendo, devemos adotar a posição segundo a qual o fato de exigir que tudo quanto acontece na mente deve também ser conhecido pela consciência, significa fazer uma reivindicação absolutamente insustentável".[77]

Ademais, Lacan nos ensina que o acesso ao inconsciente se faz a partir dela própria - a causa – já que nele ela incide como hiância produtora de "atos falhos" na experiência do funcionamento do sujeito em sua relação com a linguagem, com o pensamento e com a ação.

Não é o acidente que vai de encontro ao trabalhador, mas, é o trabalhador que pode ir ou não ao encontro do acidente. E desta medida depende muito os atos que provocaram o inconsciente do sujeito humano que labora, que viaja, que enfrenta uma violência etc.

Os atos falhos - que têm origem no funcionamento do inconsciente - chamam a atenção pelo "modo de tropeço" no qual eles aparecem. É certo mesmo que tudo que falha, tudo que escorrega, tudo que manca, tudo que vacila, tudo que nos desmente, tudo que sai pela culatra possui sentido e provém mesmo é do inconsciente.

E tudo indica que o acidente, o homicídio, o suicídio, a violência, o pânico, o conflito, o desprazer, a energia, o prazer, a ira, o amor, a irritação, a fobia, o desânimo, a compulsão, a obsessão e outros mais provém mesmo é do inconsciente, sem o menor controle por parte do consciente.

77 FREUD. FREUD. O Inconsciente. Vol. IV. p.172. Edição Standard Brasileira. Imago.

"Ali alguma outra coisa quer se realizar – algo que aparece como intencional, certamente, mas de uma estranha temporalidade. O que se produz nessa hiância, no sentido pleno do termo produzir-se, se apresenta como um achado e, mais ainda, sempre está prestes a escapar de novo, instaurando-se a dimensão da perda".[78]

Os "atos falhos" constituem um "indício" por onde se pode iniciar a investigação do modo de funcionamento do inconsciente.

Em relação ao acidente de trabalho, uma direção que podemos seguir é que há uma relação dele com os "atos falhos", mas não uma relação direta ou mecânica, mas uma relação de pertinência com a estrutura e o funcionamento dele.

E, então, por que não estaria, ali, também em questão o próprio daquilo que nas investigações dos acidentes tem sido tratado pelo nome de o "fator humano"?

Lacan afirma que a concepção de conceitos da psiquiatria de base psicanalítica implica serem estes sempre estabelecidos por aproximação, que não deixa de ter relação com o que nos impõe, como forma, o conceito do cálculo infinitesimal.[79]

Com isso, Lacan quer pontuar que o conceito se modela por uma aproximação com a realidade que ele foi construído para apreender e, somente de salto em salto, por uma passagem ao limite, é que ele chega a se realizar. [80]

---

78 LACAN. Seminário 11. p. 30.

79 O Cálculo Infinitesimal é uma expressão usada para denotar objetos tão pequenos que não há maneiras de vê-los ou medi-los, porém são maiores que zero, isto é, são números reais e positivos. Um número diferente de zero é um infinitesimal se toda soma da série infinitesimal com uma quantidade finita de termos é menor que Um. O método é intuitivamente atraente e produz resultados corretos. O uso de infinitesimais é conveniente para simplificar conceitos, notações e cálculos. O cálculo infinitesimal foi desenvolvido, ao longo do tempo, por vários matemáticos a começar por Arquimedes passando por Newton e Leibniz.

80 LACAN. Seminário 11. p.27.

Porém, haverá sempre um certo "resto" na realização dos conceitos. Resto esse que respeita o fundamental do conceito de objeto vazio.

É o que nos acaba de informar que nunca, em nenhuma conceituação, conheceremos a perfeição dos construtos, científicos ou não.

Os conceitos de "inconsciente", formulados por todos aqueles que precederam Freud, parecem evocar outra coisa diferente: o não consciente ou o mais ou menos consciente...

A todos esses tipos de formulações de "inconscientes", Freud opõe e revela que ao nível do dele há – ponto por ponto – algo homólogo ao que se passa ao nível do sujeito e que isso fala e funciona de modo tão elaborado quanto o do nível consciente, que perde assim o que parecia ser seu privilégio de falar a verdade em nome do ser humano.[81]

Posteriormente, ao que Freud descobrira sobre o inconsciente, pode-se afirmar que o *logos* (saber) nunca mais continuaria a ser o mesmo.

Freud elabora de começo o conceito de inconsciente valendo-se dos fenômenos que se manifestam como "por acaso" ao modo de um "tropeço", reconhecendo nesses "atos falhos" um importante "achado".

O saber inconsciente intercalado por lacunas que ocasionam tropeços nas intenções do sujeito ao lidar com o mundo, é tal que nenhum dispositivo categórico é capaz de controlar essa função de causa.

Para Lacan, reafirmamos que só há causa para o que tropeça, o que manca, o que tem origem no funcionamento do inconsciente.

Fora dessa construção analítica não há que se levar em conta a compreensão da causa.

Por isso, é que dentro de uma perspectiva mecanicista, em que "a" implica "b", nós não encontramos para o acidente no trabalho uma resposta, ou seja, nós não identificamos nenhum fenômeno a

81 LACAN. Seminário 11. p.32.

que pudéssemos exatamente chamarmos de "causa básica" – tal como conceituaram no original os técnicos de segurança do trabalho.

Assim, procuramos pensar a causa em questão no acidente do trabalho numa abordagem estruturalista, na qual "a" não implica "b", mas que há, sem dúvida, uma relação entre "a" e "b" e, que no espaço entre estes dois termos incidem os fatores intervenientes ou, se quiser dizer com Aristóteles: incidem as causas acidentais: a Repetição e o Real.

Nessa perspectiva, sim, podemos continuar pensando os fenômenos que estão em causa no acidente de trabalho. Podemos pensar, inclusive, na prevenção e obter bons êxitos com ela.

A psiquiatria de base psicanalítica, ao trabalhar com a concepção de estruturas relações-lugares-posições dos elementos considerados, pode responder pelo funcionamento inconsciente, tal como concebido por Freud e Lacan.

Quanto à intencionalidade consciente, essa estará sempre submetida, muitas vezes atravessada pelo movimento pulsional inconsciente e pela perspectiva da irrupção do acaso – ambas relacionadas às formas de repetição do fenômeno chamado acidente no trabalho.

Diálogo e escuta

Diálogo e escuta

O ser humano só existe na linguagem.

Você pode compreender muito bem, meu caro leitor, o que isto tem de sentido em nossas vidas.

Você sai à rua, vê aquela quantidade enorme de pessoas passando para lá e para cá, cada uma delas cumprindo um compromisso com ela mesma ou com o semelhante dela, chamado de outro. O que não é ela é o outro.

Esses outros são "seres humanos", mas observe que se você reparar bem e olhar o rosto de cada um deles com as suas feições, só por este gesto, você jamais pode saber o que cada um é, pensa, representa, vive, sofre etc. Só por isso, você não pode saber nada de ninguém. Nem você, nem eu, nem qualquer um de nós outros.

Você só pode começar a saber de uma pessoa, tentar compreender a sua história, a sua vida, se você tiver a oportunidade, a chance de estar cara a cara com ela, e começarem a falar e a escutar.

Aí, o mundo se transforma diante de seus olhos como um milagre, pois aquela pessoa desconhecida, eclipsada, transforma-se num outro "ser humano", que é uma outra dimensão, que muda todo o panorama, que muda todo o cenário, que muda todo o vínculo, que antes você não tinha com ela.

Aí, surge "o ser humano"! Por isso a sabedoria: "o ser humano só existe na linguagem". "Só existe na palavra".

Se você tiver conseguido essa chance você irá conhecer um ser humano. "Uma nova história, uma nova energia, um novo ânimo lhe será transferido pela energia da palavra". Aí, você tem várias possibilidades em você e nela, nesta oportunidade aberta pela palavra. Você pode ficar sabendo que ela está bem, que ela está naquele dia com um compromisso ou missão para desempenhar. Você pode saber que ela está sofrendo motivada pelo sofrimento de uma outra pessoa, que pode ser um marido, uma esposa, um filho, um irmão, um neto, um sobrinho ou sobrinha, um amigo em dificuldade. Ou ela pode estar sofrendo por uma enfermidade que ela própria está acometida, o que a coloca no lugar do medo e da fragilidade. Ou ela pode ter perdido seu emprego e está atrás de um outro trabalho digno para manter os compromissos assumidos, que não deixa de ser também o lugar do medo, do abandono, da fragilidade, do sofrimento.

Imagine o quanto de pessoas estão em um lugar do mundo, neste momento, passando para lá e para cá, e que nada sabemos ou podemos saber, simplesmente porque não tivemos a chance de escutá-la. Sabe por quê? Porque hoje em dia as pessoas não têm mais tempo e paciência diante do próximo, diante do outro.

No mundo pós-contemporâneo é cada um por si. Vivemos em um individualismo total. Ninguém quer ouvir ninguém. Esse é um dos maiores problemas da humanidade e é por aí que podemos começar a mudança, quando as pessoas estiverem escutando as outras.

As pessoas andam desinteressadas, tímidas e medrosas diante do outro, do desconhecido, um semelhante. Ninguém mais comunica, ninguém mais escuta, ninguém mais fala com o estranho, um semelhante.

E o pior é que ninguém percebe essa estranheza! Hoje, a estranheza reside no fato de você ver uma pessoa falando com o semelhante que ela não conhece. Percebeu como as coisas estão invertidas? Ninguém falando com ninguém, ninguém escutando ninguém. Todos calados e, portanto, todos cegos e todos mudos uns dos outros.

O que será do mundo se nada em contrário acontecer, pois estamos caminhando na rua como mortos vivos, completamente alheios e insensíveis ao outro, com o qual vivemos amedrontados. Vivemos numa terra de zumbis.

Mas, tem coisa pior que isso! Quantas vezes nesse movimento de pessoas para lá e para cá, alguém para nos perguntar e nos pedir alguma orientação, mesmo que seja apenas uma orientação de como se chegar a algum lugar, e nós simplesmente, nem paramos, nem olhamos, nem reagimos, como se nada daquilo tivesse a ver conosco!

Nós estamos recusando a palavra a que nos suplica! Já imaginou no lugar onde estamos?

O lugar do medo, do desinteresse, da insensibilidade humana em ajudar o próximo.

O mundo nunca vai mudar a partir do outro, ele vai mudar a partir de mim, a partir de você. Não espere o outro para construirmos um mundo melhor, entre em ação, seja o que você de fato é: "Um ser humano de palavra. Um ser falante"! Se isso não acontecer os vínculos sociais, os laços de irmandade, os laços de família, os laços de amizade, os laços de humanidade. Tudo isso vai desaparecer para dar lugar ao "ser individual" que só enxerga o seu próprio umbigo. E este seria um mundo tão triste, pois ele é absolutamente incompatível com uma vida humana saudável.

A coisa está tão difícil que estamos nos transformando em seres que se calam, e quando isso acontece, todas as mazelas, todas as dores, todos os males, todas os sofrimentos, todas as doenças, todas as desgraças se voltam para sacrificar os seus próprios corpos, pois a alma, o espírito, a humanidade, a subjetividade, tudo isso já foi sacrificado.

O homem individual é um homem doente e sacrificado! É um homem triste e depressivo, é um homem abandonado e sem esperança. O homem científico, o homem econômico está substituindo o homem comum, o homem desejante.

Por ser um homem sem alma e sem corpo, é um homem morto vivo! Resgatar a humanidade do homem, é resgatar a vida e o amor do homem morto vivo!

E como se começa? Pela escuta do outro.

No ano passado, numa apresentação pública, o Papa Francisco já havia apontado que a enfermidade mais bruta de que a humanidade padece nos dias de hoje é a pouca capacidade de escuta do outro. E isso é uma coisa que temos que resolver com a maior prioridade possível. A humanidade não pode continuar assim desse jeito, insensível ao outro que deseja ser escutado, que quer falar, que quer ser ouvido.

Há uma falha de escuta muito grande. Basta olhar em torno de você, aonde quer que esteja neste momento para constatar que todo mundo se fala, e tende mais a se falar é pelo telefone móvel. O que se fala no telefone móvel é na grande maioria dos casos "palavras vazias", que nada mais servem senão para confirmar o sintoma de que "as palavras vazias" falam em grande quantidade porque não são capazes de falar "as palavras cheias", "as palavras plenas" que, ao contrário dos blá-blá-blá, não se avaliam pela quantidade, mas pela qualidade.

A melhor palavra que existe é a palavra que se escuta, não é a palavra que se fala. Falar é a palavra ocupando o lugar de um discurso interessado, enquanto escutar é a palavra ocupando o lugar de quem pede ajuda, de quem demanda amor.

Veja a comunicação da rede social. O que tem de bom é poder constatar que é isso mesmo o que temos para o momento. Goste ou não, o cardápio para hoje é esse mesmo. Não hesita, nem resista porque senão vai passar fome de comunicação, porque pelo jejum de diálogo você já está sendo sacrificado a muito tempo.

A rede social é mesmo essa vitrine de vaidades, não se iluda, não há nada mais, por enquanto e por muito tempo. É um importante instrumento livre e aberto, porém, a serviço da banalidade, da fantasia, do narcisismo. A serviço do homem pós-contemporâneo, neste sentido, um bem-casado bolo. Não sonhe com outra coisa. É o sintoma humano do século.

Com ele a virtualidade se realiza de modo absoluto. Todos se comunicam, ao mesmo tempo em que a própria comunicação se esvazia. Não há nela diálogo concreto, vivo. Tudo é muito efêmero, mutável e não se há mais garantia de nada. Não podemos perder o compromisso com o que há de concreto na vida, com o exercício dos discursos dos diálogos que possibilitam construir e manter os laços sociais de qualidade.

Temos ministrados, caro leitor, nas instituições onde mantemos programas de qualificação para a alta liderança, a supervisão, o empregado e o servidor cursos sobre as humanidades com quarenta horas, divididas em vinte módulos, para turmas de 20 participantes.

Dentro do conteúdo geral do curso, incluímos os temas subjetividade, diálogo, falhas de saber sobre o sujeito humano, transferência, comunicação e a escuta do outro.

Nos três últimos anos, trabalhamos com um grupo de cem pessoas e, agora, estamos realizando o projeto de uma vez por semana ministrar este ensino da prevenção de acidentes com base no comportamento humano utilizando os recursos das vídeo aulas, videoconferências e do chat on line. A resposta fornecida pelos alunos está dentro da expectativa e da meta proposta.

Depressão

Depressão

Este é o nome que rebatizaram o sofrimento no fogo da linguagem de hoje. O homem deprimido não acredita mais em cura. A depressão é o vazio do desejo. E o desejo é o nome da própria vida, por isso, o homem está desistindo de viver. E como era de se esperar, a depressão não respeita nem nunca respeitou qualquer sujeito, e por óbvio, qualquer faixa etária. Enquanto os recursos tecnológicos aumentam a expectativa de vida, aumenta-se também o tempo dedicado ao sofrimento humano. Alongar a duração da vida pode significar mais sofrimento, porque quase sempre a expectativa de vida aumenta, mas a qualidade desta sobrevida diminui. Diminui, mas não sem aumentar os custos da saúde que serão pagos em moeda corrente e sofrimento corrente.

Mais vida nem sempre é sinônimo de vida melhor, que é a verdadeira expectativa que de fato deveria estar em questão.

A longevidade atualmente convive com outros aumentos, tais como, a pobreza, o desemprego, o tédio, a discriminação, a incapacidade, o abandono, a dependência, a falha de escuta, a humilhação, a falha da liberdade, o descrédito e outros tipos de perdas.

Vivemos hoje um mundo de individualismo sem a correspondente subjetividade. Há uma coletividade desprovida de vínculos sociais, no que de fato constituem bandos de pessoas juntas e separadas pela força do que deveria servir para mantê-los unidos ao afirmar suas verdadeiras diferenças, o discurso, enquanto recurso de linguagem.

O sujeito sucumbe em nome de uma massa que o transforma no contrário de um sujeito humano. "O Homem Máquina" tomou o lugar do "Homem do Desejo".

O homem perdeu o atributo de "ser humano" para se transformar em "recurso humano". O "recurso" tem a mesma dimensão da "máquina".

De fato, tudo está concertado, pois um "homem sem desejo" é um "homem recursivo", um ser de troca e de repetição. Ainda nessa concertação, um "homem sem subjetividade" é uma "máquina que não pensa, logo existe". [82]

Como consequência, ficamos cegos para a ideia do conflito social, insensíveis à banalização da vida, trocamos o confronto pela evitação.

A tese de não nos preocuparmos com o sofrimento dos outros, com base na suposta capacidade de que já é possível produzir medicamentos para todos os distúrbios psíquicos, nos leva a acreditar que não temos mais a necessidade de questionar a gênese e a história social do mesmo, evitando-se o litígio e pacificando-se a relação humana.

---

82 A famosa e propalada referência quanto ao "Erro de Descartes", identificado pelo neurocientista Antônio Damásio – Universidade da Califórnia – EUA.

Mas, não será que o sofrimento que fingimos curar através dos medicamentos, não poderia retornar sob outras formas de sintomas, a exemplo de uma doença epistemossomática, um suicídio, uma agressão, um homicídio, um acidente grave ou fatal, de uma desconstrução na relação familiar, de uma violência inopinada, numa infelicidade brutal, numa adicção, etc. Não seria algo desta prática inacabada que poderia responder por cento e trinta mil mortes violentas que ocorrem no Brasil, por ano, em forma de homicídio, suicídio, acidentes, agressões, violências, adicções etc.

Afinal, os diabos do inconsciente foram ou não foram derrotados pelas medicações? Ou estaríamos reafirmando que esses distúrbios são da ordem dos que não têm cura, pois somente o que se consegue é o seu controle? Não equivaleria isso a uma prática de medicalização tempestiva da própria vida?

Por acaso, constituiria de fato um equívoco afirmar que, no mundo contemporâneo, a "melancolia" e a "histeria" continuariam sendo o mesmo distúrbio psíquico espalhado em toda a população, só que não desprovida de sentido, não teriam elas sido rebatizadas com o nome de "Depressão"?

Há muitas e consistentes razões para acreditar que a chamada "depressão" não seria nada novo senão formas de "melancolia" e "histeria" (neuroses), cuja gênese, história e as consequências sabemos muito bem de onde veem e no que desdobrar-se-ão.

Porque não admitir no diagnóstico e no tratamento das pessoas com depressão, a concepção do sujeito humano, dotado da instância inconsciente onde se ocultam as mais diversas formas de proibições e barreiras, sufocados por uma instância de um Supereu consciente que lhe cria outros tantos obstáculos e conflitos. Não seria ela um efeito de um campo pulsional que, não se contentando com a satisfação sempre parcial das necessidades e desejos, o empurraria para a violência, agressão, perversão e morte?

Se a depressão fosse somente a redução da serotonina na fenda sináptica de alguns circuitos específicos, como preconiza o modelo do corpo biológico, mas que diabo não seria o responsável pela redução da serotonina, senão aquele "atrevido" de que já tivemos ciência no retorno do recalcado, e que, no entanto, insiste em se manter a sua índole no seio pulsional do inconsciente do sujeito?

Com essa suposição de saber e com a experiência analítica por meio da transferência, a retificação do inconsciente, a atualização do consciente e a mudança no modo de lidar com as pulsões destrutivas, constituem, como já foi demonstrado a mais de cem anos, em um método que tem levado à direção da cura, de tal modo que, quem o conheceu e dele se beneficiou conhece bem os seus resultados objetivos, testemunhando pelos sete cantos a sua eficácia e sua aprovação, de que tantos relutam em admitir. Mas, caro leitor, eu não me canso, pois o que defendo é do domínio da fé, que não é outra coisa, senão a própria comprovação acerca do que vem a ser em sua nascença a depressão.

Por isso temos que persistir e colocar tudo em branco e preto, pois quem reluta sabe a razão e não confessará o que faz. É uma questão de inconsciente, sem dúvida. Dê voz à fala do sujeito depressivo, que somente ela pode falar por ele.

"Ainda volto a lhe escrever
Para lhe dizer que isso é pecado
Eu trago o peito tão marcado
De lembranças do passado
E você sabe a razão". [83]

83 Estrofe da letra da música "Retrato em Branco e Preto", Chico Buarque e Antônio Carlos Jobim.

A trabalhar com outra concepção de saber sobre o sujeito humano, os melhores resultados nunca serão alcançados, pois o problema está na concepção do que é "ser humano", essa geleia mole e chorosa. Aqui, acompanho o cientista Richard Thaler, da Universidade de Chicago, recém laureado como o Prêmio Nobel de Ciências Econômicas.

A usar esses modelos adulterados de concepção do sujeito humano, não faria nenhuma diferença se o modelo usado tivesse sido, por exemplo, o de um "unicórnio", porque para demonstrar verdades sobre o sujeito humano, tem que ser apenas no campo em que elas são aplicáveis, ou seja, no campo da subjetividade, no campo da pulsão, no campo do inconsciente, da emoção, do sentimento, do amor, da paixão, da saudade. No campo dessas coisas que vocês chamam de "tolas".[84]

Ao demonstrar as verdades humanas em um campo em que elas não são aplicáveis, "os não tolos" incorreriam em um erro epistemológico, que representaria a falha de rigor do método que utilizam.

Assim, caro leitor, para melhor cuidar de nossas vidas, precisamos saber melhor o que vem a ser "sujeito humano", pois caso contrário estaremos condenados a uma desorientação muito grande em relação ao para onde aponta-se a direção dos diagnósticos, tratamentos e curas, tomando-se sempre o cuidado de avaliar que, para cada caso, há um método mais adequado ao campo em que suas medidas, proposições e controles são de fato aplicáveis e de fato podem gerar resultados.

Você se lembra, caro leitor, do exemplo grosseiro e metafórico que lhes dei, de que não se trata com uma terapia de base analítica a fratura de um metatarso quebrado?

84 Richard Thaler foi laureado com o Nobel de Ciências Econômicas pela tese as concepções de modelos de sujeito humano utilizados pelas ciências estão completamente equivocadas, pois estão distantes de retratar a realidade do que é o ser humano. Chicago 2018.

Da mesma forma não se trata com um método ortopédico um transtorno afetivo de quem perdeu sua esposa grávida do primeiro filho, em função de uma "bala perdida", num domingo de compras de roupinhas de bebês numa feira livre.

E essa é uma realidade que vemos acontecer quase todo santo dia em nosso país, mortes violentas de pessoas inocentes por causas externas.

Se a gente soubesse o quanto dói a vida... não desferíamos tanta bala à psiquiatria de base psicanalítica, que com Freud foi inventada para tratar precisamente da dor da vida do sujeito humano.

Clínica do real

Clínica do real

De fato o Real não fala. Ele atua. Produz ações. O Real não tem palavra que o designa, que o descreva, que o represente. Por isso, há uma clínica específica para o Real, a clínica do ato.

Se o Real é uma concepção da psiquiatria de base psicanalítica e ele está implicado à causa e à repetição do acidente, incidindo como um desvio súbito e repetitivo, então temos que colocá-lo em questão.

Como o Real dado pela natureza foi detectado e aceito "in natura" pelo homem, a distinção entre dois tipos de Real, o dado pela natureza e o admitido pelo homem, deixou de existir.

O Real é um só, de acordo com a teoria de Albert Einstein, contemporâneo e amigo de Freud.

O Real é um absoluto que, em si, escapa à compreensão do ser humano. Nós não compreendemos o Real. Ele é algo que existe por fora do pensamento e fora da linguagem. Não conseguimos sequer localizar onde fica o Real. O Real também não tem nada a ver com realidade, meu caro leitor, que é uma outra coisa completamente diferente que, aliás, vimos isso no capítulo sobre a Fantasia.

É um dado da natureza, detectado por Freud e ratificado por Lacan, como estando implicado à causa e à repetição do acidente, irrompendo, sem mais nem menos, de uma forma inesperada, que muda o curso dos acontecimentos de uma forma brutal, incontrolável e incompreensível.

Meu caro leitor, vou lhe dar uma ideia de uma cena do Real numa estória própria produzida para este justo fim, e que me parece que eu a tenha assumido com encargo de criá-la de forma muito dramática. Suponha que um motorista esteja viajando tranquilamente com a sua família em uma estrada asfaltada, numa reta, sem congestionamento no tráfego, quando, de repente, ele ouve uma explosão por trás de seu carro e não muito longe dele, mas, o suficiente para permitir que o mesmo sinalize e entre na faixa do acostamento para estacionar o carro num espaço mais à frente e ter a condição de parar mais ao lado, com mais segurança.

Aí, o motorista abre a porta, sai do carro, não sem antes pedir a família que se mantenha no interior do veículo, por precaução.

Em seguida, ele corre uns passos em direção a uma montanha de seis a oito carros destroçados, pedaços de corpos espalhados, muito sangue e pessoas em prantos e atônitas com todo aquele cenário de horror. Tudo aconteceu em segundos, nem tendo dado tempo algum para as próprias pessoas fazerem uma avaliação mínima do que acabara de acontecer.

Muito chocante, muito traumático, um terror. O que vimos foi um exemplo da incidência do Real na vida de algumas pessoas. Esse acontecimento sem sentido, incompreensível, inassimilável, fora do pensamento, da fala e da razão.

O Real do trauma é avassalador! Deixa as pessoas que presenciam suas cenas "sem palavras" para dizer...

Por gerar efeitos nocivos, o tratamento das consequências do Real na vida de uma pessoa afetada necessita ser feita em uma clínica especializada do ato, pelo qual o sujeito, à revelia de si mesmo, foi vítima de uma obscura e violenta agressão do corpo e da alma.

O encontro com o Real, quando esse acontece, está marcado para não ser outra coisa senão a "falha", pois é disso que o Real se trata.

Para o psiquiatra Slavoj Sizek "...desde que um ovo humano se forma, algo se volatiliza, e a vida passa a ser submetida ao Real".

Para Guimarães Rosa "O Real não está na saída, nem está na chegada: ele se dispõe para nós é no meio da travessia".

O psiquiatra Sigmund Freud foi o primeiro a demonstrar a existência desta Coisa (Das Ding, em alemão), que mais tarde, seria rebatizado por Jacques Lacan pelo nome que é conhecido, nos dias de hoje: "O Real".

O Real está em questão para demarcar os limites que podem ser vividos pelos seres humanos e que, uma vez ultrapassados, o que se segue é sem retorno, irreversível, independentemente do que tenha dado causa ao horror do evento traumático. Apesar do sem sentido da incidência e consequências impostas pelo Real, no entanto, o que deu causa à ultrapassagem dos limites impostos por ele possui sentido, intencionalidade, determinismo, involuntariedade e nada se deu por um simples acaso. É como se a rede humana implicada não tivesse, por anos a fio, atenta acerca dos limites que são possíveis ao humano, a incidência avassaladora do Real ocorre é ali, em cima do instante, no exato momento do próprio ato.

Outro conceito, caro leitor, que ao seu modo de funcionamento também possui função de causa no acidente é a Pulsão.

A Pulsão é uma força exclusivamente humana cuja finalidade é a busca da satisfação de que toda a vida depende.

Sem que haja atuação pulsional nenhum trabalho psíquico pode ser realizado, como por exemplo, pensamento, fala, memória, lembrança, imagem etc.

Ela é uma força interna constante que atua, sem mediação, ligando o corpo à mente, a fim de produzir representações, ou seja, pensamentos e imagens.

São características da Pulsão:

Não ser um estímulo proveniente do exterior, mas sim gerado no interior do próprio organismo; atuar diretamente sobre o psiquismo, sem intermediação ou interferência externa; exigir como resposta a produção de um trabalho psíquico de representação que seja capaz de aliviar o estado de premência que ela instala no organismo; atuar de forma constante e permanente durante as vinte e quatro horas do dia ou, se quiser dizer com Freud: "A Pulsão não tem dia nem noite, não tem primavera nem outono, ela não tem subida nem descida".

A relação entre a Pulsão e o Real é a seguinte: a primeira põe a vida em movimento e o segundo impõe limites aos movimentos da vida.

Sobre o fluxo pulsional, também chamado circuito da Pulsão, ele é o movimento de um contorno que ideias e afetos realizam em torno de um objeto fora do corpo próprio com a finalidade de retornar ao próprio corpo, onde se dá a satisfação.

O movimento pulsional flui ao modo de uma montagem surrealista, sem pé nem cabeça, como o que se vê na animação "Destiny", produzido por Walt Disney e Salvador Dali. O vídeo pode ser visto no YouTube.

É preciso ler Freud para verificar como a montagem pulsional define todas as formas pelas quais se pode inverter um dado mecanismo psíquico, em qualquer ponto ou momento de seu funcionamento, sempre orientado para a satisfação.

O nível de segurança com que as pessoas vivem suas vidas tem a ver com o modo pelo qual elas lidam com a economia pulsional, ou seja, como elas lidam com essa força psíquica interior diante do limite Real.

O conceito de Pulsão elaborado por Freud constitui por si só um trabalho revolucionário no contexto do debate que envolve a questão da causa dos acidentes e das mortes violentas.

No entanto, Freud fez muito mais que demonstrar a função de causa: ele se debruçou sobre a natureza da Pulsão até extrair toda a estrutura que a determina, desmontando-a em seus quatro elementos: Impulso, Fonte, Objeto e Meta.

Essa descoberta foi decisiva, pois nos permite compreender com mais detalhe o modo pelo qual a Pulsão possui função de causa no acidente. É a partir desta compreensão que a psiquiatria de base psicanalítica pode intervir para que pessoas em dificuldade possam obter a satisfação de que a sua vida depende, sem prejuízo para a saúde e a segurança.

Mas, o que significa intervir psicanaliticamente?

Para Lacan "intervir psicanaliticamente significa começar pela transferência".

De fato, não existe psiquiatria de base psicanalítica sem a transferência, já que ela é o único caminho para a atualização da realidade do inconsciente, ou seja, para a direção do saber lidar com a economia pulsional.

A transferência é a atividade de transformação das circunstâncias voltada à construção de soluções exitosas, cujos princípios são aqueles ditados pela ética do sujeito.

O caminho para qualquer pessoa que esteja sofrendo em função de alguma dificuldade é, portanto, buscar auxílio na experiência psicanalítica com a transferência.

Para ficar mais claro, o que quer uma pessoa quando procura a psiquiatria de base psicanalítica?

Ele quer alívio para o seu sofrimento apostando na suposição de saber do profissional que escolheu para tal. A "simples escolha" já faz parte do movimento transferencial de que estamos aqui tratando.

Esta pessoa traz consigo alguma insatisfação que, em geral é desprovida de sentido, reservando-se à transferência a função de transformá-la em algo que possa ter sentido: o sintoma analítico (Sinthoma).

A transferência possui dois eixos orientadores e funcionais:

Eixo do Saber (eixo da cura)

Eixo do Amor (eixo do laço social)

O eixo do suposto saber, é o eixo orientador e facilitador da cura. Segundo Lacan, a cura "nasce na voz de quem sofre".

O outro eixo da transferência é o eixo do amor, que possibilita a construção de vínculos, aliança, laço social, amizade e companhia.

À medida que a experiência analítica prossegue, realiza-se no eixo do saber uma divisão subjetiva de modo a produzir o saber inconsciente(Sinthoma) e outra parte denominada de "falta-a-ser" que, por sua vez, nos escapa completamente ao sentido; alguma coisa com que se vive e que não se sabe.

Lacan fala em "falta-a-ser" implicando uma falha mesmo, o que explica o motivo de o segundo eixo da transferência ser justamente o eixo do amor (filos).

É que o amor pode doar o próprio ser, exatamente, onde a análise produz o "falta-a-ser".

Essa entrega do ser é denominada "amor-de-transferência", cujo manejo implica lidar com muitas dificuldades específicas. A transferência possui muitas armadilhas para pegar os incautos. E os que nela caem, dificilmente terão suas vidas harmonizadas. Sua integridade mantida, sua conduta respeitada.

A transferência não comporta um trabalho contra ela mesma, o que seria uma espécie de "contra a transferência", em que analisando e analista se envolvem emocionalmente ou passionalmente um com o outro, rompendo-se o vínculo analítico e a própria experiência analítica. Esta é uma das intercorrências que é inadmissível, que por si só legitima a interrupção do processo analítico, cabendo ao analista assumir esta posição.

Se não existe psiquiatria de base psicanalítica sem transferência, existe, sim, transferência sem psiquiatria de base psicanalítica. Esta pode ser encontrada, por exemplo, nas ciências humanas e sociais (pedagogia, psicologia, medicina, filosofia, antropologia etc.). Ela representa somente uma possibilidade a mais nas relações interpessoais. Graças a ela é que os conflitos costumam perpetuar-se e a comunicação humana não se faz sem ruídos e mal-entendidos.

Ao buscar compreender o que está em causa nos acidentes, deparamo-nos com o ponto em que o científico e o psicanalítico travam um debate sobre a efetividade de suas proposições.

No tocante aos acidentes com máquinas, equipamentos e energia, os conhecimentos e as técnicas científicas são aplicáveis.

No entanto, com relação aos acidentes que decorrem do chamado "comportamento humano", as causas em questão não podem ser compreendidas pela razão.

No campo do "comportamento humano", as causas são desprovidas de inteligibilidade "lógico-racional", pois elas têm a ver com o modo de funcionamento do inconsciente (Autômaton) e com a falha Real (Tiquê).

Autômaton e Tiquê são nomes que Lacan tomou emprestado em Aristóteles, por ocasião da pesquisa sobre as chamadas "Causas Acidentais.

No campo do "comportamento humano", implicado nos Acidentes é imprescindível levar em conta os resultados da experiência e da prática com a psiquiatria de base psicanalítica.

Lacan afirmou que o sujeito da psiquiatria de base psicanalítica é o mesmo sujeito da ciência, ou seja, o próprio sujeito cartesiano ao pé da letra.

Então, como entender esse aparente paradoxo, já que existe uma distinção clara entre a ciência e a psiquiatria de base psicanalítica?

Em seu teorema sobre lógica matemática, Kurt Gödel concluiu que a existência de uma contradição nas premissas que governam um dado sistema teórico de proposições de verdades não anula a verdade formal de todos os seus enunciados.

Desta forma, o discurso da razão não é de forma alguma demonstrável no campo da psiquiatria de base psicanalítica, pois este campo não possui os atributos da relação mecânica de causa e efeito, pois, é justamente neste ponto que a psiquiatria de base psicanalítica se coloca como um saber que pode operar sobre o que a ciência se viu obrigada a excluir: a "falta básica" e em seu lugar inventou a "causa básica", que para coisa alguma possui serventia.

O cientista Kurt Gödel afirmou para os seus pares que os fatos científicos só podem ser demonstrados no campo da ciência, pois fora desse campo eles não constituem verdades. A causa básica elaborada pela ciência não pode ser aplicada em um campo que não seja o científico, como é o caso da psiquiatria de base psicanalítica. Aplicar aqui a causa básica onde o objeto de saber é o ser humano, é um erro epistemológico elementar, que caracteriza, no mínimo, uma falha de rigor científico de quem o cometeu fora de seu campo de trabalho.

O que a psiquiatria de base psicanalítica pode propor, e propõe, é elaborar um trabalho junto às pessoas comprometidas no acidente utilizando-se da transmissão, da orientação e, em certos casos, da própria experiência com a transferência analítica.

A pulsão que provém do inconsciente e o Autômaton que é o mecanismo inconsciente responsável pela repetitividade da ocorrência do acidente com a mesma pessoa, nos reafirmam que o inconsciente está implicado, pois nada que dele provém é casual, ou desprovido de sentido e intencionalidade.

Assim, podemos afirmar que onde houver espaço para a palavra e para a escuta, haverá também espaço para a prática da psiquiatria de base psicanalítica e para a prevenção possível ao seu modo, ou seja, é possível ao sujeito administrar a economia pulsional e saber o modo de estrutura do inconsciente, que é a instância de onde provém o sentido, a determinação, a intencionalidade e a involuntariedade que dão causa e explicam os acidentes.

Tenho ministrado muitos cursos de curta duração para pessoas e empresas sobre este novo método disruptivo, inovador de prevenção de acidentes, violências e conflitos por meio dos recursos da chamada psiquiatria de base psicanalítica, que são muitos e maiores que aqueles que posso abordar em apenas uma obra sobre o assunto.

A suposição de saber da psiquiatria de base psicanalítica sempre implica, em princípio, uma crença no "outro"; crença de que ao me endereçar a esse "outro" um saber não sabido possa se produzir, reformar-se e se renovar, gerando atitudes e condutas seguras e saudáveis nos outros.

Pode existir sim prevenção de acidentes. Nos acidentes que envolvem máquinas, equipamentos, ferramentas e energia a suposição de saber que a tecnologia de prevenção industrial possui é muito consistente, devendo ser mantida e aprimorada.

No entanto, nos acidentes em que as causas são basicamente deflagadas a partir dos atos inconsciente, intencionais, involuntários, determinados e dotados de sentido, a prevenção requer outros métodos de análise, que evidentemente não se baseiam na perspectiva mecanicista, mas nas experiências, práticas, recursos aplicáveis, que são aqueles advindos da invenção de Freud e da reinvenção de Lacan, que se encontram claramente disponíveis na psiquiatria de base psicanalítica.

Colóquio de Salpetrièri

Colóquio de Salpetrièri

É essencial que nos dediquemos a nos conhecer um pouco mais e melhor, de forma permanente. Isso é possível com sabedoria, sensibilidade e querer. Como a consciência nos dá a consciência de si, a aventura de se dedicar a conhecer melhor a si mesmo de forma perene e progressiva, certamente se dará em uma outra instância onde só há verdade, mesmo que seja ela mais complexa e difícil de ser trabalhada, que é a instância das forças e das inconsciências humanas.

Embrenhar-se numa empreitada arriscada e perigosa como essa de desbravar o inconsciente humano, ela só pode se dar senão pelo amor em si e pelo amor ao próximo. O amor de que lhes escrevo, meu caro leitor, é aquele mesmo amor de transferência da experiência analítica.

O que nos move nesta direção é a possibilidade de nos aproximarmos das forças e dos significantes que habitam em nós, e que tendem a nos colocar à deriva em condições de nos defrontar com as forças pulsionais e lidar com elas.

O que podemos querer com isso é nos tornarmos mais humanos, conhecendo melhor nossas falhas, fraquezas e fragilidades o que nos possibilitará estabelecer melhores vínculos de união com os nossos semelhantes.

Os saberes que podemos apreender por meio da experiência analítica, não é possível se apreender por meio de nenhuma outra via qualquer.

Se para se construir o saber de que necessitamos é seguir o caminho de decifrar o estranho que nos chega sem hora marcada, somos levados a crer que há mesmo um oculto que nos habita e nos "faz de gatos e sapatos".

O que vem do inconsciente surge de modo involuntário, determinado e provido de sentido, ou seja, dele nada é por acaso ou sem intenção. O que o inconsciente nos revela é tão perigoso quanto precioso e não pode ser tratado sem a devida compreensão e cuidado.

Um exemplo interessante de manejo sempre inconsciente da pulsão, é o destino que a ela se dá pela sublimação. Embora, inconscientemente como acontece com o manejo de todas as demais destinações pulsionais, a sublimação faz da carga e do movimento da pulsão um resultado cuja satisfação consiste numa verdade vocacionada para um bem comum, voltado para o amor ao próximo.

Freud, o inventor da psiquiatria de base psicanalítica, passou a sua vida para ajudar o "ser humano" a adquirir uma compreensão melhor de si mesmo, para que não ficasse refém das forças ocultas que habitam o inconsciente e que a ele reserva um pesado fardo do eterno mal-estar, angústia, insatisfação, adicção, frustração pela satisfação impossível.

São muitas as concepções errôneas acumuladas ao longo do tempo e transmitidas pela própria cultura de geração a geração dentro de um grupo social, pelo simples fato de vícios da cultura serem criados como se verdades fossem, só que podem ser distorções do pensamento transmitidas de uma pessoa para outra, de uma geração para outra. Pode haver vícios de saber em relação ao que nos trouxe até o ponto que ocupamos nesse momento.

Enquanto Freud propunha o saber sobre "ser humano" como forma de enfrentamento das forças obscuras capazes de prejudicar as pessoas e seus familiares, a sua mensagem foi interpretada de forma imprópria, como se ele fosse um homem que preconizava uma vida fácil, repleta de satisfações, desejos e fantasias sem apontar quaisquer restrições ou consequências.

Isso pode ter advindo do fato de que a psiquiatria de base psicanalítica procura libertar o "ser humano" das consequências excessivamente restritivas impostas pelo recalque, sobretudo as de conteúdos sexuais e as de violências. Mas, o que ficou subentendido é que a psiquiatria de base psicanalítica iria abrir mão dos controles, adotar o lugar da subversão e promover uma liberação geral em nome da cura e limpar por meio da palavra tudo que pudesse obstruir a consecução dela.

O que de fato ocorreu e Freud compreendeu muito bem é que os inimigos e os que odeiam a psiquiatria de base psicanalítica, calçados na suposta tese da liberdade em excesso, é que todas as mazelas humanas passariam a ter suas origens justificadas por ela.

O maior perigo que de fato a psiquiatria de base psicanalítica corria era exatamente esse, ser aceita, sem ser compreendida.

A psiquiatria de base psicanalítica costuma ser confundida com a psicologia e com a pedagogia, quando submetidas a exames muito superficiais. São muitas as psicologias e as pedagogias que não dá para fazer uma comparação justa.

A psiquiatria de base psicanalítica trabalha com o saber inconsciente, utilizando-se como instrumento principal, a experiência analítica com a transferência. A psiquiatria de base psicanalítica não pode assegurar, certeza alguma, não gerando, pois, informações ou conhecimentos tecnológicos e psicométricos. O que ela produz é da ordem do saber da estrutura, do modo de funcionamento e da condição do que é "ser humano".

Freud, teve um início em que ele estava vocacionado a fazer da psiquiatria de base psicanalítica uma ciência, mas, anos depois ele percebeu o equívoco e orientou todos os seus estudos para a área das humanidades. Nesta época ele afirmou: "O sentido humano sobrepõe possíveis interesses alheios que a ela possam querer atribuir.

O lugar da psiquiatria de base psicanalítica é operar com o psicodinâmico da ciência médica, o que não é o mesmo que a pura psicanálise, pois essa não se constitui, em essência, uma pura ciência da psicoterapia. Ela vai mais além que isso, o que fascina a todos os que a conhecem.

A proposta que Freud alimentou em relação à psicanálise sempre foi a de melhor compreender melhor os seres humanos. Ele sempre recomendou que se tivesse muito cuidado ao propor para a psicanálise ocupar o lugar da psiquiatria, coisa que ela não é, embora se constate, ainda nos dias de hoje, uma certa confusão e disputa por espaços. A meu ver inócua.

Lacan afirma "Sobre o lugar da psicanálise na medicina ele é, na atualidade, marginal e extraterritorial. Ele é marginal por conta da medicina em relação à psicanálise, pois ela admite esta última como uma espécie de ajuda exterior, como as outras não menos distinguidas assistências terapêuticas. Ele é extraterritorial por conta dos psicanalistas, que provavelmente tem suas razões para mantê-la nesta extraterritorialidade. Não são minhas estas razões, mas não creio que minha vontade baste para modificar as coisas." [85]

85 Jacques Lacan, O lugar da Psiquiatria na Medicina. 1966. Bloco de notas do Colóquio de Salpetrière, Paris, coordenado por Jeany Aubri.

Diálogo possível

Diálogo possível

Não há nenhum problema além dos que já existem quando se pensa e pratica-se a transmissão da psiquiatria de base psicanalítica

Faz bem falar de humanidades nas instituições atuais, pois há uma carência de diálogo muito grande em todo o mundo pós-contemporâneo.

A vida seria insuportável sem o lugar e função das humanidades na rotina das pessoas, pois todas elas possuem a mesma essência, que é a condição de "ser humano".

Sem ela torna-se ainda mais difícil reconhecer no outro a nossa própria extensão, formar vínculos de confiança, fortalecer a concepção de uma sociedade humana.

Os médicos em geral desconhecem o lugar da psiquiatria de base psicanalítica e eles não podem ser culpados por isso, pois os psicanalistas, em geral, e, principalmente aqueles que não são médicos também não conhecem o lugar da psiquiatria de base psicanalítica.

Elas são duas áreas afins, que poderiam trabalhar juntas nos mesmos casos, pois a essência do ofício de cada uma não é diferente da essência do ofício da outra.

Mas, acreditamos que não haveria sentido vir a acontecer um não respeito à competência de uma ou de outra quanto ao campo de atuação, ao método e à prática que utilizam.

A psiquiatria de base psicanalítica tem uma função terapêutica que conta com os recursos da escuta e da transferência para a construção dos diagnósticos e conta com os recursos dos psicofármacos para serem prescritos nas crises e no alívio rápido dos sofrimentos mentais. Mas, estas medidas imediatas, é bom que se diga, são paliativas, até que se consiga a cura definitiva dos sofrimentos, que nem sempre é possível.

Aliás, muitos psiquiatras trabalham com a linha da psiquiatria de base psicanalítica. Utilizam-se da escuta, da transferência analítica para a realização dos diagnósticos. Outros preferem atuar em conjunto e de forma integrada com psicólogos de distinguidas linhas e com psicanalistas médicos ou psicólogos de distinguidas linhas psicanalíticas, obtendo resultados igualmente muito bons.

O que não podemos aceitar é a crença de que apenas a psiquiatria ou a psicanálise isoladamente possa dar conta do sofrimento humano.

Há uma resistência que impede alguns profissionais de se associarem, cada qual com a sua expertise singular, o que impedi a ampliação da leitura da estrutura e do funcionamento psíquico dos "sujeitos humanos".

Ambas as especialidades são essenciais e necessárias. O problema é que as ciências da natureza têm se arvorado em depreciar as ciências humanas, como se essa associação fosse um luxo nos dias de hoje, um excesso precário, e com isso, engrossa a fila dos que fazem da própria profissão a melhor de todas, a mais completa, quando a completude está mais próxima da integração entre elas.

Enquanto ciência da natureza, a medicina de base orgânica recebe muitos recursos e produzem excelentes resultados no tratamento do corpo biológico, mas ignora a potência do corpo pulsional, pelo fato de este ter uma anatomia tão incerta, como a da pulsão e a do desejo.

A medicina de base orgânica tem uma atuação essencial nos campos dos exames, dos inúmeros recursos de diagnósticos, as terapias farmacológicas e as terapias cirúrgicas, dentre outros recursos

Ela é admirável no tratamento das doenças orgânicas e na melhoria da sobrevida dos corpos humanos.

Mas, não podemos estar seguros que quando um doente procura uma consulta médica, o que ele espera encontrar seja tão simplesmente a cura. Sofrimento em si nem sempre é doença, mas é sempre um sinal (sintoma para a medicina de base orgânica ou sinthoma para a psiquiatria de base psicanalítica) de que o "ser" não está bem e que necessita de cuidado especializado.

Se não há como conceber o ser humano sem o seu corpo biológico, também não há como concebê-lo sem corpo psíquico pulsional ("efeito sujeito"). O Sintoma tem mais a ver com o "orgânico" do homem e o Sinthoma tem mais a ver com o "efeito sujeito" do homem.

O lugar da Psicanálise na Medicina foi apresentado em um Colóquio para o Colégio Médico da França, em 1966, por Dr. Jacques Lacan.

O psicanalista brasileiro, Dr. Jorge Forbes[86] no site Projeto Análise, elaborou um distinto resumo do que neste colóquio teria acontecido, e a reação que ele despertou nos médicos franceses.

"Jacques Lacan lhes dá uma longa resposta na qual sintetiza com clareza incomum os principais pontos de seu ensino. A sua conclusão é surpreendente. Poderia quase assim ser enunciada: a verdadeira Medicina é a Psicanálise. Desnecessário dizer que essa demonstração não agradou muito aos que se achavam filhos legítimos de Hipócrates. O dócil pediatra do início do debate (Dr. Pierre Royer) se transformou em um verdadeiro Herodes, querendo matar todos os filhos de Jacques Lacan e, se possível, o próprio."

O Colóquio se deu no hospital de Salpetrière dos anos 60/70 que fica ao lado do antigo prédio, que originalmente chegou a ser uma fábrica de pólvora e que, em 1800, transformou-se em um hospício para abrigar pacientes do sexo feminino portadores de transtornos mentais, cuidados que eram pelo psiquiatra, Dr. Philippe Pinel.

Hoje, ao lado da antiga construção que ainda se conserva razoavelmente preservada, há uma construção moderna onde funciona um novo centro hospitalar universitário de mesmo nome, dotado de recursos da alta tecnologia, atuando em quase todas as especialidades médicas clínicas e cirúrgicas.

Foi no antigo Salpetriere, que a psiquiatria teve seu início, em meados do século XIX partir da prática clínica do Dr. Sigmund Freud, que lá estudou por um curto período com o neurologista e psiquiatra, Dr. Jean Martin Charcot.

Esta história é contada no livro que comemorou os 200 anos de Salpetrière, já como um hospício de mulheres. Em 1886, Freud

86 Dr. Jorge Forbes: comenta o texto de Jacques Lacan: O Lugar da Psiquiatria na Medicina, em seu site Projeto Análise, em 17/07/2009. www.jorgeforbes.com.br/br/movimento-analitico/comentario-texto-jacques-lacan.html

retorna a Viena e passa a trabalhar com o Neurologista e psiquiatra Dr. Joseph Breuer, com quem dividiu a descoberta da clínica da palavra e da associação livre de palavras entre o médico e o paciente. Esta técnica estimulava que o paciente falasse tudo o que lhe viesse no pensamento, sem incentivo ou censura. O paciente falava tanto do conteúdo que estava represado no seu consciente, e, com alguma frequência, acontecia de manifestar ditos que estavam recalcados em seu inconsciente, que eram percebidos pelo médico, e nem sempre pelo paciente.

O que se passava entre o psiquiatra e o paciente era a própria experiência analítica com a transferência de saberes conscientes e inconscientes de um para outro.

Qualquer pessoa que nos pede, que nos demanda alguma coisa, isto nem sempre quer dizer que é precisamente aquilo que ela de fato deseja. Ele pode desejar uma coisa e querer outra completamente diferente. Não é incrível.

E foi somente Dr. Jacques Lacan que seriamente interrogou e elucidou a estrutura da falha que existe entre demanda e desejo. E essa questão não pode ser ignorada porque somente a boa intenção não resolve essas situações que são estruturais na clínica do "ser humano".

Por isso é que, aquilo que ainda está confuso, está velado, está mesclado, está embaralhado, está incompreensível, a partir de determinadas rupturas que faremos, poderá se tornar mais claro para todos.

Lembro-lhes que o conhecimento científico é construído dentro da base consciente e racional, porém, o saber da psicoanálise é completamente inconsciente, havendo também nessa instância uma racionalidade, só que ela é de uma outra distinta ordem. De uma ordem diferente da racionalidade da instância do consciente.

Esta distinção em absoluto não pode ser reduzida a uma questão apenas entre a razão e a emoção, como defende o neurocientista, Antônio Damásio em seu livro "O Despertar da Consciência"

É importante saber que somente a teoria linguística pode dar conta de perceber a distância que existe entre demanda e desejo, dado que o inconsciente é estruturado como uma linguagem. Saibam que daquilo que é transferido do inconsciente em uma experiência de análise, nada é por acaso, nada é sem sentido. Vindo de onde vem, tudo de lá é determinado e engendrado de forma inopinada. O inconsciente não negocia, não se engana. Quem negocia, negocia para auferir vantagem, e isso só pode ser coisa fabricada pelo consciente, este que nada faz que não seja de "interesse" próprio.

Este é o lado manifestamente interessado do ser humano, o do plano consciente, o consciente que é aquele que sabe o que sabe.

A função desejo é algo do inconsciente, isto é, algo da linguagem que escapa ao sujeito, e que está sempre fora do domínio da consciência. O movimento do desejo é um movimento de vida, patrocinado que é pela energia psíquica, também chamada de energia pulsional.

Para Freud a função prazer tem a ver com a pulsão de vida e o gozo tem a ver com a pulsão de morte.

Já, para Lacan toda a pulsão é pulsão de morte. O essencial em questão é como o sujeito lida com a sua economia pulsional.

O prazer guarda uma relação com a vida, saúde, amor, laço social, cuidado, respeito, compromisso, ética, moral, alegria, estética, arte, música, segurança e limites.

Já o gozo guarda uma relação com abuso, transgressão, excesso, risco, descomedimento, insegurança, ímpeto, impulsão, ousadia, perigo, violência, sofrimento, sacrifício, dor e morte.

O lugar da Psicanálise na medicina é o de uma crítica à ciência médica para que ela mantenha seu zelo pela função social do médico, pois na mesma medida em que mais do que nunca a ciência médica está com a palavra, cuidando muito bem do corpo biológico, porém, da mesma forma o ser humano também não pode ficar deixado, desassistido, em sua condição de "ser humano", que é precisamente a condição da linguagem, do desejo e da vida.

Se o médico quer continuar sendo alguma coisa, então, por que não retomar a herança de sua antiga atuação, pois esta seria muito vantajosa para a causa da humanidade do homem.

Então, se ele quer de fato revigorar o valor das premissas da verdadeira medicina de base orgânica, ele deverá prosseguir e cultivar em sua vida a descoberta do seu colega médico, Dr. Sigmund Freud, um médico de homens e de almas.

Dr. Jacques Lacan afirma "A verdadeira função do médico, do padre e do pastor não se limita ao tempo que nela se emprega.

Faz parte de suas doutrinas serem todos uns missionários. E lhes digo a verdade: não há nada de idealismo nisso". [87]

87 Jacques Lacan. Colóquio de Salpetriere: O lugar da psicanálise na medicina. 1965.

Vir a ser humano

Vir a ser humano

Quem nasce de um casal humano, não nasce pronto. Não nasce humano, tem que aprender a ser humano, o que só começa a partir dos três meses de idade. Até esta tenra idade, ele funciona fundado apenas em reflexos e instintos, como os animais superiores da natureza, os mamíferos, os primatas. Seu cérebro fica em repouso, como se estivesse dormindo e não manifesta sinal algum de humanidade. É apenas um filhote humano, que ainda não é humano.

Ao contrários dos animais que já nascem prontos, já são o que são. O filhote humano tem que perder esta vida animal para "vir a ser humano", o que acontece somente, após três meses. Perder a vida animal que dizer: "perder o Real da existência".

A condição de "vir a ser humano" ocorre apenas com o ser falante, pois, somente ao falar (mesmo que comece apenas pelo balbucio, pela lá,lá,lá) é que ele vem a "ser humano".

Enquanto o mesmo não possuir e manifestar a condição de um ser humano, ele continua manifestando simplesmente é a condição de sua "existência", isso mesmo, a mais pura existência natural. Se este pequeno recém nascido de humano não entrar no campo da fala e da linguagem, corre o risco de vir a ser um ser humano do espectro "autista". Este é o princípio da síndrome do "autismo". Falar, comunicar, interagir é a base para se afastar do "autismo", é claro, que pode sim haver também filhotes que nascem com genes e fragmentos de cromossomos ausentes, que os impede de entrar na linguagem.

Ele ainda está numa condição em que não fala, nem pensa com a palavra. Por isso não podemos falar que seja animal humano, pois, quando se é humano não é animal e quando se é animal não é humano.

E quem acaba de nascer de um casal humano?

Ainda não é um humano. É um vir a ser humano. Não fala, não pensa, não tem consciência de si, nem do seu contexto ou do ambiente em que vive. Há um tempo em que não se é ser humano. É um corpo humano ainda sem a humanidade do homem, que Freud deu a ele o nome de um "Isso". Todos nós, sujeitos humanos passamos obrigatoriamente por este processo de construção da subjetividade humana.

O "Isso" é o que ainda não é um ser humano. Mas dizendo com Freud, onde o "Isso" era, um "Ser" advir. Com as existências naturais é diferente, pois, elas já nascem prontas como existências animais. Um filhote de leão é um leãozinho. O filhote de homem não é um homenzinho. Ele tem que perder algo para se construir a condição humana. Há aqui um processo de humanização. Não é processo de hominização. Ele perde a Coisa para vir a ser humano. A Coisa é o Real que se perde para sempre quando o ser balbucia, começa a falar. É quando ele entra no campo da linguagem materna. Aliena-se nele por um período, que não é conveniente que seja longo. Pois, satisfaz suas necessidades por meio de objetos que não pediu e que nem sabe do que se trata. Desenvolve aos poucos a percepção da satisfação e fica psiquicamente marcado com seus traços de memória.

Todos os caminhos pulsionais levam a si mesmo investindo-se cada vez mais de energia pulsional. A libido e o autoerotismo se confundem neste "Isso" que advir um ser humano. O humano que carregará para sempre um mal-estar na cultura. Há um bônus e um ônus eternos para ser humano. O bônus de pensar com a palavra, o bônus de ter consciência de si; mas, há um ônus, um preço a pagar, como o de ser um eterno insatisfeito, o de já nascer devendo uma morte à sua vida e o de estar sempre dividido entre uma coisa e outra, o que constitui o substrato de seu conflito dentro da condição humana.

Freud se viu obrigado a concluir que o ser humano não é dono de si nem mesmo em sua própria casa.

Em pouco tempo, esse "humanozinho" vai tratar de mostrar os seus gritos e garras, exigir a satisfação da necessidade, exigir o que os traços de memórias o fazem alucinar e buscar a satisfação das experiência originais, primevas.

O objeto alucinado pode acalmá-lo do sofrimento, satisfazendo-o parcialmente e de forma fugaz. Mas, não pode nem tem a função de satisfazê-lo completamente, o que o faz movimentar entre a demanda e o desejo. A busca da satisfação plena por meio de objetos esbarra no impossível desta operação. Tudo o que encontra nesta busca é o vazio. É nesta satisfação impossível que se funda a adicção por não suportar o que não é possível.

Nunca uma sociedade foi capaz de se estruturar se não abrir mão da experiência original de satisfação de que um dia já gozou, mas, que noutro dia se perdeu para sempre.

A geração da pós-modernidade parece ter perdido a bússola e precisa saber onde foi que isto aconteceu.

Enquanto isto não ocorrer (se é que de fato um dia ocorrerá...), continuará a ser uma sociedade exagerada, precária, perdida, confusa, agressiva, devotada a uma ilusão de reaver o que já foi perdido para sempre. Uma sociedade alienada, dependente, que não consegue suportar a falha, a falha que é própria da condição humana. Uma sociedade assim é uma sociedade inviável. Esta é a falha do projeto humano desenhado pela seleção natural.

Os seres humanos necessitam saber para confortar com a satisfação parcial e fugaz propiciada pelo desejo. Isso é necessário para movimentar o desejo e a vida dentro dos limites saudáveis.

Sem isso, não haverá futuro para a humanidade, pois a falta de limite, a impossibilidade de conviver com a frustração tem uma destinação certeira: a violência, a transgressão e a morte.

Por isso, que se multiplicam os homicídios, suicídios, mortes violentas no trânsito e em outros espaços de convivência e produção.

Quando se é dependente da satisfação impossível, a liberdade não poderá ser viável.

A liberdade verdadeira se conquista por meio da ordem, do trabalho, do compromisso, da civilidade do respeito com os vínculos sociais.

Quantas mães e pais não estão sofrendo a perda precoce e violenta de pessoas de sua família fisgadas que foram por promessas de satisfações que nunca poderiam ser reproduzidas ou alcançadas? É muito difícil sair desta armadilha, que é fonte de sofrimentos e transtornos mentais, quando não se dispõe de uma rede de suporte educacional, social, ocupacional, de saúde e de segurança.

Mas eu pergunto, caro leitor, será que para viver uma vida digna e saudável há necessidade de sofrer tanto assim? Para se ter uma vida de mal-estar ou até com sofrimentos suportáveis, não se pode deixar levar por essas promessas falsas de satisfação total a qualquer sacrifício e preço. Esta é a questão!

Claro que não, mas para isso temos que saber sobre como se estrutura e funciona o psiquismo humano.

Por isso, é necessário desenvolvermos o saber humano, pois existe o saber, a falha e saber e o que nada se sabe ainda (do saber que não sabe que sabe).

A boa nova é que isto é possível e se consegue por meio da psiquiatria de base psicanalítica, aquela que se fundamenta na experiência analítica por meio da transferência.

E o que se consegue apreender por meio desta via, não se consegue o mesmo por nenhuma outra via.

E como a transferência analítica possui dois eixos: o Eixo do Saber inconsciente, que nos revela a nossa parte faltosa e o Eixo do Amor, que é a única coisa que completa a nossa parte faltosa.

Só o Amor completa o Falta-a-Ser que nos é revelado pelo Desenvolvimento do Saber Humano.

Isso mesmo: o Saber mostra a falta e o Amor preenche a falta.

E esta fórmula nos foi dada por Lacan, em seu Seminário de Louvain, na Bélgica.

Lacan disse: "Transferência é Amor".

Esse é justamente fundamento da psiquiatria de base psicanalítica.

Afirmou com todas as letras: "Transferência é Amor". A única coisa que explica por que uma pessoa se dispõe ajudar uns aos outros, que sequer conhece, só pode ser o "amor filia", "o amor fraterno", o "amor de transferência". Todos eles são uma única e mesma forma de amor ao próximo. Muitos psicanalistas são ateus, outros mais são agnósticos e ainda outros seguem a doutrina cristã e outras.

Isso não interfere na forma de os profissionais conduzir o seu tão nobre ofício, pois a psiquiatria de base psicanalítica se sustenta no respeito e na ética quanto aos seus pacientes, quer seja em temos institucionais ou pessoais por meio de seus membros. A psiquiatria de base psicanalítica segue a uma só ética: a ética do sujeito. Disso ela não abre, nunca abriu, nem abrirá mão.

Língua e linguagem

Língua e linguagem

De que é feito o "sujeito humano", meu caro leitor? Ele é feito e efeito de linguagem. Isso mesmo, ele não é feito somente de órgãos, de carne, de músculos, de ossos, de pelos, de nervos, de tendões, de sangue, de linfa, de pele etc. Esta parte corresponde ao corpo humano.

Se fosse concebido desta maneira, nós estaríamos trabalhando com o modelo do homem biológico em questão. Se preferir acompanhar alguns autores, estaríamos com a concepção do corpo humano, não do "ser humano", não do "sujeito humano, puro efeito da linguagem".

A diferença entre esses dois últimos é aquela que vocês já conhecem: o "ser humano é um ser feito de linguagem" e o "sujeito humano é um sujeito efeito de linguagem".

Neste capítulo eu detalharei um pouco este importante conceito, que é um saber que pode nos ajudar muito na concepção, sobretudo, quando você constata a tremenda mistura de efeitos e a confusão que isso causa nas pessoas.

Infelizmente, essa história e esses detalhes essenciais para a sua vida e para a vida das pessoas com as quais você mantém vínculos sociais não foram repassados antes para vocês até aqui, porque de fato a maioria das pessoas não sabe o que é "ser humano", o que é ser "sujeito humano". Entretanto, a maioria sabe bem o que é um "corpo humano" de carne e osso. Corpo este que é um hospedeiro da alma, do psiquismo, da mente e do espiritual do homem.

Mas, vamos com calma que evoluiremos nesta questão, neste saber.

Já que somos os únicos seres falantes, e é precisamente por esse motivo é que somos "seres", "seres de linguagem", porque só se pode "ser" na linguagem e mais em nenhum outro lugar. Faça-se a palavra que o "ser humano" advir onde, antes, no lugar do Isso era, conforme nos deixou mais que bem ensinado, o Dr. Sigmund Freud.

Lacan sempre afirmou que tudo o que se refere ao "ser humano" se funda, se baseia, se edifica, se constrói, se cristaliza, se realiza na linguagem. A linguagem é o mundo que habita em nós e daí a maravilha que é "ser humano".

Como era o homem antes do aparecimento da linguagem?

Antes do aparecimento da linguagem não havia o "ser humano", e muito menos, o "sujeito humano". Antes da linguagem, digamos, a cerca de oitenta mil anos antes do presente (AP) os registros fósseis, que pelo recurso da técnica de reconstituição da estética e da plástica, mostravam-se existências, puras existências, com aparências físicas muito similares às nossas, que se bem domesticado desde cedo, cuidado, bem trajado, e bem acompanhado, poderia soar como um estranho aparelhado e parecido com um humano. Só que seriam ainda assim animais, sem a menor possibilidade de se tornarem humanos. Puras existências da natureza desprovidas de consciência de si, de fala, de inconsciente, sem a menor chance de estabelecer conosco laço social, seria um estranho "dohomemesticado", pois seria "um bicho de estimação" que você teria certamente de mantê-lo quase sempre numa jaula, jogando nacos de carnes cruas e frutas para eles se satisfazerem as suas necessidades. Urinariam pelas pernas e defecariam sem mais nem menos, como simples respostas dos atos reflexos e instintuais como acontece com os animais. Não muito diferente do que hoje se costuma tratar os chimpanzés nos zoológicos. Haveria sim que se ter muito cuidado com as manifestações de seus instintos, mesmo tendo sido separado muito cedo dos indivíduos de suas espécies.

Isto aconteceu com as existências naturais conhecidas como bestas humanas que eram, o Homo erectus, o Homo habilis, Homo ergaster, Homo rhodesiensis e muitas centenas de outras espécies, muitas das quais nem deixaram restos fósseis, ou ainda, se deixaram, estes não foram encontrados, pelo menos, até os dias de hoje. Aqui estamos em tese relatando as espécies animais, existências da natureza, que habitaram de norte ao sul da África, Regiões da Europa, Ásia, Oriente Médio, Índia, e são muito anteriores à nossa espécie, que é de fato a única formada de "seres humanos".

Enquanto os sujeitos humanos falantes surgiram por volta de 60 mil anos antes do presente (AP), as citadas criaturas da natureza com aparência de gente (hominídeos) surgiram, evoluíram e viveram num grande espaço de tempo de cerca de um milhão a cem mil anos antes do presente (AP).

Após essa breve apresentação da questão de "ser" ou "não ser" e a referência com a linguagem (gritos, falas, berros, com efeito de comunicação etc.), vamos conhecer um pouco do mundo da linguagem humana.

A linguagem humana é uma ciência muito nova. Para se constituir como tal ela importou inúmeros conceitos de uma ciência mais ampla e geral que ela, que é a Semiologia, a ciência dos Signos. A Semiologia é também conhecida por Semiótica pelos norte-americanos. Com o desenvolvimento da linguística, a ciência da linguagem, a Semiologia teve sua importância ampliada.

Os "seres humanos" são os únicos seres que a comunicação é realizada por meio do Signos, que possuem o recurso de tornar presente (em forma de ideia, imagem e palavra) um objeto que, embora ausente do campo de percepção, tornar-se um objeto representado, ou seja, uma presença da ausência por meio de um pensamento, imagem ou palavra.

Este recurso é que nos permite dizer que o "ser humano", ao contrário de todos os que são da ordem das existências naturais, é o único que possui a capacidade de operar a comunicação tanto com o objeto concreto, propriamente dito ou apenas com a representação do mesmo, o que faz aumentar seu alcance, seus recursos e suas possibilidades no campo da comunicação humana.

A língua é um sistema de valores de um determinado grupo social. Pode-se dizer que ela é a parte social da linguagem. Nenhuma pessoa de um dado grupo social pode sozinho ele mesmo ser capaz de modificar uma língua, pois ela se trata de um contrato coletivo ao qual estamos submetidos para que possamos nos comunicar, criar e manter os vínculos sociais. Por se tratar de um código social, nós só podemos manejá-la depois de ser capacitados e qualificados para o uso de seus recursos, que são muitos.

Do ponto de vista da língua, os signos são as unidades que a compõem. Os componentes nos levam a fazer deles um contrato para o uso, pois, em geral, eles são arbitrários e imotivados.

O ser humano não funciona fora do recurso da linguagem, e dentro desse recurso ele tem que concertar com o restante do grupo o valor de cada signo para que a comunicação seja possível ser realizada. Então, temos aqui um contrato e um aprendizado para o uso da língua, em um determinado grupo de "seres humanos", grupo social.

Enquanto a língua é um sistema que pertence a um grupo social, a fala já é a parte onde cada "ser humano" dispõe de uma singularidade para o seu uso, respeitando-se os valores do código geral que vem de onde aprendemos para praticar com os outros.

O signo é um elemento da língua pelo fato de ele se repetir na comunicação com o mesmo valor, não havendo criação por parte de cada pessoa que o usa em seu discurso.

É, pois, evidente que não pode haver línguas diferentes em uma fala, como também não pode existir falas descoladas de uma língua, isto é, sem relação com uma dada língua.

Embora cada língua goze de uma superioridade sobre cada pessoa do grupo social, elas podem falar de modo diferente e variável. Para Saussure, a língua é um tesouro construído pela prática da fala, em um dado grupo social.[88]

É a fala é que possibilita a evolução da língua. A língua, por sua vez, é o produto e o implemento da fala.

---

88 Ferdinand de Saussure foi um linguista e filósofo suíço, cujas elaborações teóricas propiciaram o desenvolvimento da linguística. Viveu: 1857 a 1913. Genebra, Suíça. Formou-se nas Universidades de Humbold, Genebra e Leipzig. Seus mestres: Émile Durkheim, Carl Gustav Jung e Max Weber.

Signo linguístico

Signo linguístico

O signo é uma unidade "ao modo" de uma moeda com duas faces, em planos distintos, a "cara" e a "coroa". Para que serve o Signo, sobretudo o de que estamos tratando, o Signo Linguístico? Ele serve à comunicação. O ser humano, que é um ser que só existe na linguagem, existe, portanto, baseado, fundado, edificado num sistema de Signos. Nós, seres falantes, falamos por meio de códigos e o código chamado linguagem é constituídos de elementos chamados signos ou palavras que podem ser faladas, expressadas, representadas por elementos gráficos, escritas ou imagens. Todos eles são formas de representar, de relatar uma coisa concreta sem necessidade de ela estar por perto, em presença. Então, o Signo faz da ausência uma presença, por meio de representação.

Este é um recurso que o "ser humano" dispõe para operar com a representação, a virtualidade do objeto, sem a necessidade de tê-lo por concreto. Diferentemente dos animais da natureza, que só podem operar com os próprios objetos com que se satisfazem. A satisfação humana por meio de objetos é impossível, mesmo que os utilizem em suas vidas.

A satisfação parcial é obtida no campo da linguagem, por meio da representação.

Signo é, portanto, a união de um significante e de um significado, ou se preferir, de uma expressão e de um conceito, ocupando planos distintos, como o verso e o anverso de uma folha de papel.

O significado, que é o plano de um conceito, nunca se refere à própria coisa, a materialidade da coisa, mas refere-se precisamente à representação da coisa em si. Ferdinand Saussure afirmava "o significado da palavra boi não é o animal boi, mas a imagem que representa mentalmente um boi. Perceberam aqui a virtualidade que os signos imprimem à linguagem humana?

Temos que distinguir bem no uso dos signos: a representação psíquica (palavra falada), a coisa real (concreta), a expressão (o dizível).

O Significado não é a expressão sonora e psíquica (este é o significante), não é também a coisa real (inapreensível do signo), mas é o dizível, ou seja, o que só pode ser definido no processo de significação. Quem emprega o signo é quem o entende do significado.

Significante é a expressão sonora e psíquica da palavra, não podendo separar a sua definição do Significado, que é o dizível no processo da significação.

É importante compreender que o Significante é mediador: a matéria lhe é necessária, mas insuficiente. Lacan sempre deu a primazia para o Significante, subvertendo a concepção de Saussure.

Para compreender o Significante tem que levar em conta a diferença entre Matéria e Substância, em semiologia (estudo dos signos).

Matéria é sempre material (objeto, imagem, som, escrita) e a Substância, em geral, é imaterial.

A função do Significante é fazer o "corte", ou seja, cortar uma mensagem sem fim, mais ou menos, um carrilhão de mensagens, em partes menores que, de fato, constituem mensagens curtas, mínimas, mas, que são justamente elas, as significantes. Com elas pode-se fazer as comutações, ou seja, trocar um elemento (fonema, morfema, palavra) por outro, a fim de verificar se é possível obter-se outra palavra, sintagma ou frase. Comutar é uma operação significante centrada na mudança e na substituição voltada para criar e produzir novos sentidos.

A significação é o processo que une o Significante ao Significado, resultando no produto, que é o Signo. Na realidade tem que entender que essa "união" não pode ser a de colar, unir, juntar, aproximar etc. pois o plano de uma face é exatamente oposto. Significante e Significado ocupam planos opostos, por isso há resistem em passar de um para outro, pois teríamos que atravessar planos bidimensionais, não havendo, pois entre eles identidade.

Por isso Lacan dizia: "De que vale uma palavra se ela pode ter um, dois cinco, vinte e cinco...significados diferentes? Ela não serve jamais para assegurar uma boa comunicação humana, pois conscientemente você diz uma coisa e a outra pessoa interpreta do jeito que lhe convém. Assim, não haveria um discurso consciente que não fosse uma armadilha, uma tapeação, um semblante, uma máscara, um faz de conta de comunicação?".[89]

Esta concepção resiste a uma representação gráfica ou topológica satisfatória, por isso, vamos considerar aquela proposta pelo Dr.

89 Lacan, Seminário de Louvain, Bélgica, 1972.

Lacan, qual seja, a utilização do grafismo: **(S/s)**, onde **S** representa o **Significante** e s representa o **significado**.

Entre o Significante (posição do numerador) e o significado (posição do denominador) existe uma barra resistente que representa o recalcamento do Significantes (**S**).

Essa barra tem vários significados que serão relatados a seguir.

Lacan conferiu em sua tese um privilégio do Significante em detrimento do significado. O Significante é um puro "non sense" e não tem relação com o significado, o que equivale a dizer que o Significante não significa nada. Sua função é a de representar um sujeito humano (efeito) para outro Significante.

A oposição entre Significante e significado marcada pela barra coloca o significado submetido ao Significante (subversão em relação à proposição de Saussure). O Significante realiza conexão com os outros Significantes formando uma cadeia de Significantes que se refere a um certo discurso.

"O Significante como tal não se refere a nada, a não ser que se refira a um discurso, quer dizer, a um modo de funcionamento, a uma utilização da linguagem, enquanto um liame, isto é, como função de ligar uma coisa à outra".[90]

O Significante realiza duas operações: condensação e deslocamentos, que correspondem às figuras de linguagem e seus efeitos Metáfora e Metonímia. A significação não está em nenhum elemento particular da cadeia de Significantes. Para Lacan "seria um erro pensar que a significação reina irrestritamente para-além. Pois o Significante, por sua natureza, sempre se antecipa ao sentido, desdobrando como que adiante dele a sua dimensão".[91]

90 Lacan, 1982. Seminário 11. Conceitos Fundamentais

91 Lacan, 1982. Seminário 11. Conceitos Fundamentais

Para que exista articulação do Significante é necessário que haja um sujeito. O significante só pode passar para o plano da significação porque há um sujeito operando a cadeia do Significante.

Até o presente momento, caro leitor, este capítulo tratou-se de matéria um tanto quanto técnica e nem tudo pode ter sido adequadamente explicado por mim ou compreendido por você. Doravante, contudo, este tema tende a ter menos conotação teórica e mais sentido prático, e na mesma medida, tenderá a ficar mais claro. Assim, podemos esperar.

Uma vez, abordado a linguagem que como sabem constitui uma parte da Semiologia ou ciência dos signos, passamos, em seguida, ao como e ao porquê ele, o Signo, é de fato o elemento de que se serve à comunicação humana.

Ainda sobre o Signo, descrevemos a divisão do mesmo em duas partes, o Significante e o significado, e o lugar e a função deles na linguagem humana.

No capítulo anterior, tratamos de explicar as diferenças principais que existem entre Língua e Fala.

Língua é social, resultado coletivo do consenso dos sujeitos de um dado grupo humano sobre os seus signos.

A Língua, portanto, é uma espécie de tesouro depositado pelas falas das pessoas de um determinado coletivo social, como reafirma Saussure.

Já, a Fala, ao contrário, é o resultado do processo individual da escolha de como as pessoas querem expressar as suas ideias por meio das escolhas dos Signos que querem usar.

Então, enquanto a Língua é social e homogênea, a Fala é, entretanto, pessoal e heterogênea, pois cada pessoa tem a liberdade de escolher com quais signos quer exprimir seus pensamentos.

Para melhor conhecer o "ser humano", por meio da escuta qualificada de sua fala, é essencial poder compreender os signos, significantes, significados, sentidos, valores e imagens, sonhos, fantasias que estão contidos ou incontidos na experiência analítica do sujeito com a transferência analítica.

De fato, para o sujeito humano, em que consiste a chamada experiência analítica com a transferência?

Esta pergunta, caro leitor, será esclarecida para você no capítulo que se segue.

Experiência analítica

Experiência analítica

Na relação entre o psiquiatra e o paciente que o procura em função de uma queixa relacionada àquilo que o transtorna do ponto de vista psíquico, é importante o reconhecimento por parte do psiquiatra de o que desta queixa possui a natureza de sua origem no consciente e o que dela possui a natureza de sua origem no inconsciente.

Se o psiquiatra possui também a formação e a experiência em psicanálise, ele muito provavelmente terá maior facilidade de tomar uma posição em relação à gênese e à evolução do transtorno mental.

Neste caso é que afirmo que o médico psiquiatra poderá ou não possuir a condição, o interesse e a disponibilidade de construir um tipo de abordagem que denomino de psiquiatria de base psicanalítica, ao fazer uso do seu saber em psicodinâmica dos transtornos psíquicos.

Não há dúvida que esta dupla formação em psiquiatria e em psicoanálise tornará o médico mais bem-dotado de uma visão integral da patologia mental.

Muito embora, o ideal, sem dúvida que ele continue o seu trabalho, apenas como psiquiatra, só que este psiquiatra com uma visão mais ampliada dos transtornos, isto o possibilitará que ele conte com o trabalho integrado de um profissional da área psíquica, seja este médico ou psicólogo, porém praticante da psicoterapia.

Não é desejável, nem humanamente possível que ele assuma o tratamento do paciente como psiquiatra e psicoterapeuta ao mesmo tempo.

Isso além de ser uma posição clínica embaraçosa, ela não será frutífera para ele e para o paciente.

Contudo, o que postulamos é que o psiquiatra tenha uma visão mais alargada ao realizar e concluir sua formação em uma das áreas psicoterapêuticas, seja ela a psicanálise, a psicodinâmica ou mesmo a psicoterapia comportamental.

Eu por exemplo, embora tenha formação em psicanálise e goste pessoalmente da leitura psicanalítica e psicodinâmica, atuo em minha clínica exclusivamente como psiquiatra clínico. Entretanto, pelo fato de eu defender um diálogo possível e necessário entre a psiquiatria e a psicanálise, chamando esta prática de psiquiatria de base psicanalítica, sinto-me muito confortável para identificar casos em que os pacientes de fato necessitam de um tratamento complementar ao da psiquiatria, o que me leva a encaminhar tais pacientes para um tratamento com a psicoterapia.

Neste sentido, eu tenho a compreensão que mesmo que muitos psiquiatras e psicanalistas continuem defendendo suas práticas gerando uma marginalidade e uma extraterritorialidade, de uma em relação à outra, adoto a mesmíssima postura de Lacan: “Esta não é a minha posição, mesmo que de fato eu creia que em nada ela vai mudar o caminho das coisas.

Em minha prática clínica como psiquiatra, eu tanto encaminho pacientes para um tratamento complementar na psicoterapia, como recebo pacientes encaminhados da psicoterapia para o tratamento psiquiátrico comigo.

A formação complementar do psiquiatra em uma das áreas da psicoterapia não deve visar à substituição de um profissional pelo outra, mas deve visar à compreensão de o quanto possa de fato o inconsciente humano está implicado no caso concreto de paciente psiquiátrico que me procura ou é encaminhado para que eu atue como psiquiatra.

Não tenham dúvida que eu defendo sim em grande parte as teses formuladas por Freud e Lacan, mesmo sabendo da magna importância de se prescrever psicofármacos e outros cuidados e exames que são próprios da psiquiatria, enquanto uma ciência médica.

E afirmo com toda a sinceridade que não podemos deixar de lado as teses de Kurt Göedel, qual seja, que a proposição de um método se solução de problemas é assertivo, quando se respeita os campos de aplicação das verdades a que ele pertence.

Para Göedel quando um sistema de comprovação de verdade for completo, ele é inconsistente. E quando for consistente, ele é incompleto. Pelo fato de que a incompletude sempre estará em vigor, é que temos que contar com pelo menos dois campos diferentes de comprovação das verdades. A Kurt Göedel foi outorgada pela Universidade de Princeton, a primeira versão do prêmio Albert Einstein, que foi um de seus professores no doutorado em lógica matemática. A última versão do prêmio Albert Einstein foi recentemente outorgada ao cientista e cosmólogo, Stephen Hawkins.

Cabe ao psiquiatra, na primeira consulta do paciente, avaliar a analisabilidade dele se submeter à psicanálise com êxito. Isto é importante porque existem outras técnicas de se abordar um paciente do ponto de vista da psicoterapia. Contudo, há que se considerar também que nenhuma avaliação preliminar é capaz de se acertar o prognóstico, fato que se observa somente com o desenrolar de uma experiência analítica com a transferência de saberes do inconsciente. Há, portanto, que se ter cuidado com a esta questão, que não tem como ser dirimida somente com as consultas preliminares.

No início, muitos psiquiatras resistiam em aceitar o valor da psicoterapia. Porém com o tempo, foi-se gradativamente sendo acentuado a importância dos aspectos da relação transferencial na psiquiatria, a ponto de hoje já se falar em psiquiatria de base psicodinâmica e psiquiatria de base psicanalítica, qual seja, o reconhecimento da importância de o psiquiatra considerar um outro colega da área psíquica no setting do tratamento dos transtornos mentais, sobretudo, no caso das neuroses. Foram os psiquiatra de origem anglo-saxônica os primeiros a levantar tais questões no seio desta especialidade médica.

Os termos analisado e analisante (analista) são relativamente novos, tendo sido introduzidos na Europa a partir da Inglaterra e da França, na década de 1970.

Os primeiros analistas, incluindo Freud e Lacan eram médicos psiquiatras. Alguns se especializaram somente na prática dela, outros mantiveram a prática da psiquiatria tradicional. Destes alguns encaminhavam pacientes para seus colegas, outros resistiam em adotar esta prática, mesmo após terem tido leitura e conhecimento de que se tratava. Esta corrente se tornou majoritária, principalmente, após o advento da indústria de medicamentos psicoativos, como os ansiolíticos, hipnóticos e os neurolépticos. A opção por esta linha tem a ver com o crescente aumento da frequência e da gravidade dos casos de doentes mentais em pessoas atingidas de forma direta ou indireta pelas guerras mundiais.

Em momentos de grandes distúrbios sociais que coincidem com a degradação moral dos cidadãos, as dificuldades de toda a sorte impostas aos perdedores e à população civil, é comum o aumento abrupto e mantido de transtornos mentais de toda a sorte, que são consequência dos traumas sofridos pelas pessoas mais afetadas.

Nestas situações, como as pessoas em sofrimento reclamam de cuidados psiquiátricos mais imediatos para mitigar em grande parte as consequências das violências sofridas pela população, a psicofarmacologia se coloca como uma solução pronta e muito adequada, em detrimento do tratamento pela análise psíquica das pessoas transtornadas, que exigem um tempo maior para dar soluções efetivas.

Nestes casos, as práticas analítica podem até se colocarem como porta de entrada das pessoas em sofrimento, porém diante da ansiedade do rápido controle das crises, elas próprias ou procuram ou são encaminhadas para os consultórios e para os serviços de urgências psiquiátricas, que tendem, então, a ficar muito ocupados, acompanhados do crescente aumento do uso dos diversos tipos de psicofármacos.

Embora não estejamos ainda num estado declarado de guerra mundial, a própria maquinaria mortífera dos conflitos regionais entre os povos em que ela se transformou é mais que suficiente para que possamos explicar o aumento explosivo dos casos e das gravidades dos transtornos mentais, em quase todas as partes do chamado mundo pós-contemporâneo.

Parece que, mesmo em regiões e povos em que a "paz" ainda está em vigor, a globalização da vida e a pronta comunicação social estejam contribuindo para que as pessoas não tenham mais nem tempo nem recurso para as abordagens analíticas, mesmo considerando a importância de sua efetividade clínica.

Quem sabe se esse estado de coisas não estejam também contribuindo para a "elitização" e a "qualificação" da busca de práticas analíticas dentro das sociedades, de um modo geral.

Sabemos do enorme crescimento dos casos de transtornos do afeto e do aumento dos casos de suicídios entre os povos de quase todas as partes do mundo, sempre que ocorrem graves crises e comoções sociais.

Aonde iremos chegar diante de tanta violência, insensibilidade e falta de recursos dos governos das mais diversas nações, incluindo, agora, o chamado primeiro mundo.

Ainda dentro do tema da experiência analítica, trazemos aqui uma contribuição do psiquiatra Karl Jung que desenvolveu sobre ela a justificativa de sua necessidade e importância, alicerçado numa explicação ideativa muito peculiar e própria dele.

O psiquiatra que, pelo próprio Freud, foi conduzido a ser o primeiro presidente da IPA (Associação Internacional de Psicanálise), por ocasião de sua fundação, alega que sempre há nos seres humanos uma clara oposição de forças entre o inconsciente e o consciente e que ele teria depreendido isto, por ocasião, em que estava pesquisando na sua clínica os complexos psíquicos.

A ideia da existência dos complexos psíquicos não pertenceu nem foi desenvolvida por Freud.

Por complexos psíquicos humanos entende-se um conjunto de produções (representações, lembranças, fantasias, afetos etc.), em parte ou em todo, inacessíveis à consciência. As produções seriam complexas e dinâmicas de tal forma organizadas que a ativação de um elemento delas carretaria a ativação dos demais.

Em um artigo seu de 1914, denominado "Importância do inconsciente em psicopatologia" ele formulou que o inconsciente possui um papel regulador da função consciente, por ocasião dos embates de forças opostas entre eles. Caberia ao inconsciente a função de equilibrar por meio de um contra impulso os excessos de atuações desenfreadas que partem do conscientes. Jung deu nome de Compensação a esse suposto papel regular do inconsciente.

De Freud e Lacan, o que conhecemos é o poder e o costume de que o inconsciente possui e utiliza com frequência atravessamentos nas intenções conscientes, que são feitas de forma determinadas, inopinadas, intencionais e totalmente providas de um sentido, como se fossem feitas pela falta de equilíbrio e de controle do inconsciente.

Sabemos que, após um curto período de convivência e comunhão de ideias sobre o psiquismo que havia entre o professor (Freud) e o aluno (Jung), eles se desentenderam, romperam-se um com o outro e cada um teria seguido as suas convicções pessoais e profissionais. É certo que nos supostos diálogos havidos entre os dois no ano da "ruptura" conceitual, tínhamos um Freud comedido e muito prudente e um Jung mais ousado e arriscado em seguir os caminhos da prática analítica com a plena liberdade outorgada por suas crenças. Sabemos da história de alguns casos de Jung usando com suas pacientes a prática da contratransferência, em que acabava tornando-se um apaixonado amante de algumas clientes, como teria acontecido com Sabina Spielrein, que de paciente acabou se formando em psiquiatria e psicanálise, tornando-se, inclusive, uma destacada profissional em seu País de origem, a União Soviética.

Esta história é contada em duas produções cinematográficas, a saber: Jornada da Alma e um Método Perigoso.[92] [93]

A experiência analítica é a prática estabelecida entre o analista e o analisando, em que utilizam o método da livre associação de ideias

92 Jornada da Alma – filme lançado em 2004, de Roberto Faenza cujo roteiro foi baseado em cartas trocas entre Jung e Freud e no diário da própria paciente, Sabina Spielrein.

93 Um Método Perigoso – filme lançado em 2012. Dirigido por David Cronenberg.

para que em dado momento da fala consciente, comedida, regrada cuidadosa do paciente, ocorra falhas, escorregões das falas, momentos em que ocorrem transferências de saberes do inconsciente do analisando para o analista, que no seio de uma experiência analítica poderá dar um sentido ao que foi dito na voz de quem sofre. No início, todas as experiências analíticas eram conduzidas pelo próprio médico psiquiatra, sendo, à época considerada como análise leiga, todas as que não fossem conduzidas por psiquiatras com formação em psicanálise.

Com o crescimento e desenvolvimento das diversas correntes de psicanálise, outros profissionais, principalmente os psicólogos passaram fazer suas formações em escolas de qualidade e renome, tornando-os especialistas distinguidos e bem qualificados, sobretudo, ocupando os espaços deixados pela psiquiatria de base orgânica que resistiu ou desinteressou-se por esta linha prática, coincidindo com o pós-guerra que desencadeou uma pandemia de graves transtornos mentais o que passou a ser objetivamente e prontamente medicados pelos psicofármacos da indústria farmacológica em expansão.

Caso esta virada não tivesse ocorrido, muito dificilmente a pandemia de doenças e transtornos mentais (neuroses, psicoses etc.) seria controlada, mesmo que parcialmente, como se observa nos dias de hoje.

Mesmo sabendo que os psiquiatras atuais possam não ter tempo, interesse em adotar em suas práticas elementos da experiência analítica com a transferência, acreditamos que eles seriam beneficiados com o desenvolvimento do saber humano, tanto o do consciente quando o do inconsciente e pré-consciente.

Esta é a nossa posição, mas respeitamos todas as demais posições tomadas pelos colegas que operam no campo da saúde mental, sejam eles, médicos ou não.

Imagem do eu

Imagem do eu

Conta o mito grego que Narciso era um rapaz de beleza inigualável. Seus pais Cefiso e Liríope consultaram o oráculo de Tirésias para saber do futuro do filho, no que ela respondeu: "O futuro dele será longo desde que não veja o seu próprio rosto".

Narciso era muito belo, sendo a toda oportunidade, assediado pelas jovens que, ao conhecerem, desejavam-no como amante e esposo. Mas, todas as jovens eram recusadas por ele, que era de fato apaixonado somente pela sua própria imagem.

Para castigá-lo por sua conduta, a deusa Nêmeses, o condenou a apaixonar-se pelo seu próprio reflexo na lagoa de Eco.

Encantado pela sua própria beleza, Narciso deitou-se no banco do rio e se abateu de tanto ficar se olhando na água. Depois da sua morte, a deusa o transformou numa linda flor, Narciso.

Do mito grego para a psiquiatria de base psicanalítica, como explicar Narciso?

Para compreender de uma forma simples o Narcisismo, partimos do conceito de libido como sendo uma energia pulsional que tem origem no interior do corpo do "ser humano" e investe libidinosamente os objetos internos do próprio corpo.

Freud dedicou-se ao estudo do Narcisismo e distinguiu duas fases dele. O Narcisismo primário e o Narcisismo secundário.

O Narcisismo primário é um estado que não podemos observar diretamente, pois ele ocorre num tempo em que o sujeito não se constituiu ainda como tal. Neste estádio, o primeiro modo de satisfação da libido é o autoerotismo, que corresponde ao fato de as pulsões parciais procurarem, cada qual por si, retirarem do corpo o prazer por si mesma. Ou seja, cada órgão retira a de si mesmo o prazer no próprio e em suas próprias partes se deposita. Este tipo de satisfação é que Freud utilizou para caracterizar o Narcisismo primário, enquanto o eu (ser humano) ainda não havia se constituído. Então, os objetos investidos de energia pulsional são as próprias partes do corpo. Cada pulsão se satisfaz auto eroticamente do lugar próprio lugar de cada parte do corpo.

Lacan, tomando como ponto de partida a conceituação de Freud, procura dar um tratamento à questão tomando como base o antes e o depois do estádio do espelho, onde se dá a identificação do sujeito.

Lacan propõe conceituar o campo do Imaginário, para dar sentido ao processo de identificação do sujeito (eu) com a sua imagem no espelho.

Lacan opera também a sua teoria, articulando-se os campos do Simbólico, que corresponde ao campo da linguagem e o uso dos signos, e o campo do Real para configurar a estrutura de sustentação do "ser humano".

Assim, no interior do campo psicanalítico delimitado por Lacan, o corpo pode ser pensado e estudado a partir de três campos ou três registros.

O corpo da Imagem (Imaginário), o corpo como edificado na linguagem (Simbólico) e o corpo do ponto de vista do Real, que seria o corpo como lugar do Gozo.

Lacan ratifica a concepção de Freud de que a corporeidade do "ser humano" não se reduz a um simples corpo humano do ponto de vista da biologia.

Finalmente, ele começa a estudar como poderia integrar todas estas questões iniciadas com o Narcisismo com a linguagem, que é onde o "ser humano" existe, funda, edifica-se e se cristaliza.

Freud correlaciona o Narcisismo primário aos cuidados e desejos dos pais atribuídos aos filhos, os mesmos desejos que eles não conseguiram pôr em prática, e que um dia, talvez, os filhos terão que renunciar para terem os seus próprios desejos. O estádio do Narcisismo primário corresponde ao período das primeiras experiências de satisfação, ainda sem intermediação psíquica dos traços de memória, ali, onde e quando o Real se perde para sempre. Onde o "Isso" era e um "Eu advir". Tendo surgido o Sujeito Humano (Eu) podemos, agora, cuidar de elaborar o Narcisismo Secundário, ou "Narcisismo do Eu".

Agora, o investimento que estava nos objetos do corpo terá que retornar e transformar em investimentos do Eu. Quando o Eu estiver investido de pulsão, podemos, então, conceber o Narcisismo Secundário.

O Surgimento do Narcisismo Secundário, pressupõe do ponto de vista pulsional dois movimentos necessários:

O sujeito concentra num só objeto todas as suas pulsões sexuais parciais, que até então, era puro autoerotismo disperso. A libido até, então, concentravam nas diferentes partes do corpo, já que as zonas erógenas ainda não estavam instauradas.

Desse objeto onde o sujeito concentrou todas as pulsões sexuais parciais, elas agora retornam, por conseguinte, secundariamente para as vias que levam ao "Eu".

Quem rege a constituição e organização do Narcisismo Secundário é o "Ideal do Eu." O "Eu" é tomado, então, pela libido como "Objeto".

A criança sai do Narcisismo primário quando seu "Eu" é confrontado com o outro como o ideal do eu com o qual ele tem que se identificar, comparar, tomar como referência. Esse ideal vem para ela de fora, algo que ela aceita, mas lhe é imposto de fora para a criança. É o momento em que ela é submetida às exigências do mundo que a cerca, exigências estas que são traduzidas fazendo-se o uso dos recursos da linguagem. Mesmo se distanciando cada vez mais do narcisismo o "Eu" sempre dividido e incompleto nunca abre mão de tentar resgatar a perfeição narcísica.

A instauração do Narcisismo secundário implica uma imagem do eu e uma imagem do objeto e suas relações com os investimentos de energia sexual.

O Narcisismo é sempre entendido como o investimento na própria imagem de si.

O Narcisismo do eu é sempre secundário, retirado dos objetos e cuja libido que flui para o Ego (Eu), constitui conforme as identificações o Narcisismo secundário.

O ego na tópica freudiana é a instância que dirige as relações entre o Id e o Superego, intermediando a obtenção de melhores resultados possíveis, ao administrar as forças ou impulsos do id e as condições sociais admitidas socialmente, segundo os valores do superego, que funciona como uma censura.

O Eu, segundo Freud guarda uma relação com o conceito de sujeito em Lacan, o próprio do ser humano que se funda e se baseia na linguagem, só existindo nela, efeito dela, que o faz bascular entre o surgir e o eclipsar-se na manifestação da linguagem.

Quando os investimentos daqueles objetos que se encontram em processos de identificação são transformados, eles contribuem com uma parcela significativa e específica para a formação do Eu. Podemos dizer que o Eu se forma a partir de traços de objetos que no inconsciente se inscrevem. O Eu assume todos os traços dos objetos mesmo e ainda nesse estado fragmentado. Porém, após a identificação com a imagem do outro ele se organiza para constituir um todo único, o que resulta na unicidade do Eu. Em resumo, o Narcisismo secundário é o resultado do investimento libidinal na imagem do Eu, sendo esta imagem constituída a partir das identificações com as imagens dos objetos parciais (outros).

Lacan faz uma releitura de Freud e acrescenta novas concepções à formação do Sujeito e o Desenvolvimento do Narcisismo.

Lacan, por exemplo, adentra no mundo do Narcisismo a partir de um caso real de uma mulher, paciente sua, que havia desenvolvido uma paranoia, psicose centrada no processo de se sentir ameaçada, sofrendo de uma suposta perseguição que a colocaria na situação de vítima.

Com isso, Lacan aprofunda os estudos da formação do Sujeito, cuja continuidade o teria levado a desenvolver "O Estádio do Espelho", uma teoria sobre a formação da identidade do Sujeito Humano (Eu) a partir dos reflexos de sua própria imagem dada por um espelho plano.

Destes estudos, Lacan conclui várias coisas como:

O Eu se constitui a partir da imagem de seu corpo próprio.

Como o Eu se forma segundo a imagem do espelho num período muito precoce da vida, antes dos dois anos, a criança fica alienada por um tempo a esta imagem. Assim, de uma percepção anterior que era formado das partes separadas do corpo (fragmentação) e, agora, ele se vê como um todo único, isso constitui uma experiência renovadora para si. Esta por sua vez, torna-se a imagem ideal de si mesmo, a imagem com que seu psiquismo irá operar.

A este fenômeno Lacan deu o nome de identificação primordial com a imagem ideal de si mesmo. Com Freud, falamos que a imagem do Eu se forma tomando referência à imagem de uma outra pessoa semelhante, portanto, de fora. E agora, com Lacan, falamos da formação da imagem do Eu a partir da imagem refletida do espelho. É que na realidade, o outro externo funciona igualmente como um espelho.

Porém, de fato, é no espelho que ela vê pela primeira vez, a sua imagem total.

A imagem tomada no semelhante e a imagem tomada no espelho, fazem a mesma função, ou seja, representam a "imagem de um Ideal do Eu".

A partir destas identificações de imagens é que o sujeito começa a se implicar e a se rivalizar com o outro através da sua própria imagem.

Foi por isso, que Lacan relacionou essa rivalidade contra um outro que tem a mesma imagem minha como se houvesse um plano para perseguir, roubar e tomar a imagem da outra pessoa.

É bom lembrar que o Narcisismo (identificar com a sua imagem como ideal do Eu) e a agressividade (que é a criação de uma outra pessoa que tem e que quer as mesmas coisas, sendo, portanto, rivais, na imaginação do outro).

Com este estudo, Lacan, concluiu que o ser humano tem uma estrutura e uma natureza universalmente paranoica. Ou seja, a paranoia não seria propriamente uma doença, mas sim algo que é próprio de todo "ser humano". Essa foi a conclusão da tese de doutoramento do médico psiquiatra Dr. Jacques Lacan.

Na tese de doutoramento em psiquiatria, Jacques Lacan, em 1932, propõe a paranoia como pré-condição do conhecimento humano, em geral. A "paranoia" passa a designar a estrutura mais universal dos conhecimentos desenvolvidos pelo Eu, aplicável a todos os seres humanos. Lacan chega a afirmar: "O próprio conhecimento é paranoico".

Identidade sexual

Identidade sexual

Castração apesar de ser um termo muito utilizado, causa alguma desorientação e estranhamento para quem de fato não conhece sua verdadeira concepção na teoria e prática da Psiquiatria de base psicanalítica, já que em outras áreas ele possui outras conotações.

Em Psiquiatria de base psicanalítica, castração não tem nada a ver com a retirada cirúrgica de órgãos sexuais, em parte ou em todo, como, em certos casos, ocorre com algum propósito em animais.

Castração é uma experiência psíquica que, em absoluto, é sempre inconsciente. Que consiste numa vivência universal das crianças por volta de seus cinco anos de idade. Contudo, trata-se de uma experiência psíquica que é importante para a definição de sua identidade de gênero.

É que aos cinco anos, as crianças passam pela constatação de que há diferenças anatômicas com relação aos órgãos de suas genitálias. Reconhecem as diferenças anatômicas entre os sexos, que não ocorre senão acompanhada de angústia.

A partir deste reconhecimento, as crianças terão que aceitar que os "seres humanos" são compostos de homens e de mulheres.

A partir de então, esta experiência inconsciente da castração é renovada a todo momento, ao longo da vida dos homens e das mulheres, fazendo vez e voz sempre presentes, até mesmo nas experiências analíticas com a transferência e em possíveis intervenções analíticas voltadas para a direção da cura de eventuais acontecimentos singulares relacionados à sexualidade humana, incluindo o reavivar na vida adulta as experiências vivenciadas na infância. E é quase sempre acompanhada de algum tipo de sofrimento o admitir que os limites do corpo não acompanham a extensão dos limites dos desejos.

> *"Freud, situa a angústia na falha propiciada pelo objeto fálico. Creio, no entanto, de modo diferente, que a angústia, está em outro lugar, ou seja, nas circunstâncias em que a falha do objeto fálico vem a falhar."* [94]

O processo de castração do menino tem cinco tempos e, em cada um deles, há algo a preponderar.

Todos têm um pênis.

No início o menino acredita que todos, meninos e meninas têm um pênis. No entanto, quando constata que alguns próximos a ele não possui o pênis, abre-se um sinal de angústia que o faz sofrer diante da possibilidade de ele perder o seu pênis.

---

94 Lacan, 1962.

A ameaça.

Embora a ameaça da castração visa ao pênis, a angústia é vivida como a possibilidade de perder a esperança de um dia tomar o lugar do pai junto à mãe, seu objeto amado (fantasia). A criança tem que ser esclarecida pelo pai de que não há que ter o temor de perder o pênis, mas que o lugar ao lado da mãe já está ocupado e pertence ao pai.

Esta colocação não deve ser feita precocemente, mas a seu tempo.

Existem seres sem pênis.

O que o menino descobre ao conhecer a região pubiana da menina é que ali não há um pênis. Ele não descobre a vagina. Ele descobre é a ausência do pênis na mulher. A constatação só serve para aumentar a angústia da castração.

A mãe também não tem pênis.

Ao conhecer a região pubiana da mãe ele reforça a sua fantasia. Sua mãe, que é uma mulher crescida, também não tem pênis. Logo, em sua fantasia, a castração se fortalece como uma ameaça para o menino. Este ponto coincide com o auge de sua angústia. Embora, a castração não é sentida pelo menino, pois todo este complexo se situa na instância inacessível do inconsciente

Porém, essa angústia que o menino sofre é silenciosa, mas é também intolerável para ele próprio. Por isso, surgem manifestações e distúrbios ruidosos contra essa tal angústia inconsciente, silenciosa, e intolerável, que são: medos, pesadelos, terrores noturnos, insegurança, rivalidade, demandas, sensação de desamparo, escuridão, fantasias, agressividade como prontidão para o combate.

Resolução.

Entre admitir perder a mãe ou perder o pênis, o menino faz a opção em preservar seu pênis, renunciando à mãe com parceira sexual.

Com a renúncia da mãe e o reconhecimento do nome do pai como autoridade da família, encerra o complexo de castração, também conhecido como complexo de Édipo.

Sobre a dissolução do complexo de Édipo, Freud reafirma:

> *"No menino, o complexo de Édipo não se encerra como um simples processo de recalcamento.*
> *Mas, ele se desfaz implodindo-se completamente, sob o impacto da castração. Em geral, desfazem-se por completo, não mais subsistindo sequer nenhum traço do mesmo no inconsciente."* [95]

O Complexo de Castração da menina organiza-se de modo diferente do Complexo de Édipo, aplicável ao menino.

O da menina também é conhecido como Complexo de Electra.[96]

Existem inúmeras possibilidades e resoluções da identificação sexual nas meninas, embora aqui iremos citar três de muitas elas. Todas elas são legítimas e normais, não havendo um único padrão para ser seguido, até porque isto retiraria do sujeito humano os aspectos mais importantes de sua estrutura e funcionamento que é a singularidade de cada um.

O clitóris é um pênis.

No início, a menina ignora a diferença entre os sexos. Desconhece a existência de seu próprio órgão sexual, a vagina. A menina está pacificada por saber que como todo mundo ela tem o pênis, que é o seu clitóris. Ela confere ao clitóris o mesmo valor que o menino confere ao seu órgão masculino. Quer seja pênis, no menino, quer seja clitóris na menina, o pênis é para ambos os sexos um atributo universal dado pela natureza.

---

95 Freud, 1899.

96 Carl Jung, 1913. Cunhou o termo Complexo de Electra.

O clitóris é um pênis pequeno.

A menina ao descobrir visualmente a região genital masculina, percebe que o pênis tem como um atributo ser maior que o clitóris dela. A visão do pênis leva a menina a ter que admitir, a julgar pelo tamanho e posição do órgão, que ela não possui o verdadeiro pênis dos meninos. Ante a visão do pênis, a menina reconhece que foi do pênis castrada.

A castração da menina já foi consumada. Se o menino temia ser castrado, a menina tem certeza de que já foi castrada.

O menino, então, vive inconscientemente a angústia de ser castrado a qualquer hora. A menina, por viver da certeza, de que já foi castrada, ela passa a inveja de possuir aquilo que ela viu e do qual foi castrada.

A mãe já foi castrada.

A menina progressivamente constata que todas as mulheres, incluindo a sua mãe também estão em desvantagem, pois já foram castradas. A menina passa, então, a desprezar e rejeitar a sua mãe por não lhe ter passado o atributo fálico que passou para o menino. A menina julga que a mãe não soube nem valorizar o seu próprio corpo de mulher, por haver admitido ter seu corpo castrado.

Assim, que a menina descobre a castração da mãe, ela passa a recriminá-la, a implicar com ela, a separar-se dela e escolher o seu pai como objeto de amor. Há uma crise de falta de amor com a mãe que a decepcionou, que seria responsável pela sua frustração.

Resoluções possíveis.

Diante da sua falha de pênis, a menina pode adotar uma dentre três condutas possíveis para a resolução de seu complexo de Electra. A decisão que tomar irá definir completamente o futuro de sua feminilidade como mulher.

Sabemos, no entanto, que na prática a resolução do complexo de Electra pode não ser tão aparente como se possa desejar que fosse. As resoluções possíveis do complexo de Electra são descritas a seguir.

Sem inveja do pênis.

A desvantagem anatômica em relação aos meninos a leva de maneira generalizada a desviar de toda a sexualidade.

Ela recusa a entrar em rivalidade com os meninos e passa a não ser dominada pela inveja do pênis.

Ela aceita a suposta desvantagem e se dá por vencida. Desinveste toda a sua vida sexual de libido. Torna-se uma mulher sem o desejo sexual ou com o desejo sexual menos intenso, quase indiferente. Ou ainda pode desviar a libido concentrando-o num outro campo onde ele possa ser expresso por uma atividade psíquica de representação. Tudo se passa no estranho mundo do inconsciente.

Insistir em ser dotada de pênis.

Diante da falha do pênis, ela não se conforma, e passa a buscar de forma obstinada um pênis tão grande quanto o que viu nos meninos. Desse modo ela se torna semelhante aos homens. Nega o fato da castração e mantém o desejo e a esperança de um dia ser detentora do pênis masculino. Não desiste de ser um homem e a fantasia de ser homem permanece como o único objetivo de sua vida. Seu complexo de masculinidade a leva a concluir-se numa relação homossexual manifestamente como homem, ou seja, busca preferencialmente uma mulher como parceira. Ela, no entanto, continua com o seu clitóris, pelo menos, em tese.

Substitui o pênis.

A menina reconhece definitivamente que foi castrada do pênis. Esta resolução é acompanhada por três mudanças essenciais:

Liga-se à mãe até perceber que ela também é castrada. Percebido isto, ela se liga ao pai que a acolhe com sentimento de amor e passa a orientar a terna emoção e sentimentos de sua filha.

Na resolução final, ela abandona o amor do pai, pelo amor de um outro, em definitivo.

Muda a zona erógena do clitóris para a vagina. Abandona a inveja do pênis e passa a gozar com ele no coito.

Muda o objeto desejado. Acolhe o objeto peniano na vagina em nome da vontade de ser mãe. O desejo pelo pênis muda para um desejo centrado nos filhos e nos netos, um órgão fálico imaginário é muito eficiente, como são as outras expressões deste registro borromeano.

Existem muitas outras formas e variações de resolução da identificação sexual nas meninas. Sendo cada uma delas uma singularidade dentro de um amplo espectro de singularidade que não daria para ser resumida numa abordagem mais geral, e que, por isso mesmo necessitou de esclarecimentos sobre o tema sexualidade, que é muito maior e mais amplo.

Identificação

Identificação

Para a matemática, quando um elemento X contém, em absoluto todas as propriedades e características de um outro elemento Y, de tal sorte que podemos dizer que eles são exatamente iguais em tudo, utiliza-se para esta condição a expressão X é Idêntico a Y. As provas matemáticas mostram cientificamente esta condição de identidade entre X e Y. Eles não foram progressivamente ficando em absoluto idênticos um ao outro, eles por natureza e princípio matemático são idênticos desde a origem.

Os gêmeos univitelinos, aqueles que nascem de uma mesma fecundação, isto é, de um ovócito fecundado por um mesmo e único espermatozoide, formam um só ovo que, logo que inicia as suas multiplicações celulares pelo processo de sucessivas mitoses, dão origem a células ou pequenos grupos de células iguais do ponto de vista de terem os mesmos conjuntos de DNA no interior das partes das células, ou seja, de terem o mesmo Genoma (DNA), Caso estas células ou pequenos aglomerados de células se separem em dois ou mais grupos, cada grupo, perdendo seu contato direto com o outro grupo de células (blastômeros), formam-se embriões (mórulas) humanos idênticos, que resultarão em filhotes humanos idênticos, e pára por aí.

A partir daí quando se iniciam as primeiras experiências de satisfação por objetos, satisfação essas não mediadas por aparato de natureza psíquica, nós não podemos mais sustentar a tal identidade absoluta.

Temos aqui descritos anteriormente dois tipos de identidades diferentes, a matemática (ciência natural do número) e a biológica (ciência natural da vida).

Porém, nenhum dos dois processos de identidades, nem a matemática nem a biológica, corresponde, caro leitor, ao conceito que estará sendo doravante explicado neste capítulo do livro, pois aqui, estaremos dizendo de filhotes humanos (depois seres humanos), ao nascerem, um absorverá traços ou elementos do outro e progressivamente ficarão do ponto de vista psíquico identificados com o outro, não de uma forma absoluta como na matemática ou como na biologia, ou seja, no campo das ciências da natureza.

Essa identificação de que trataremos aqui de sujeitos com sujeitos, que é de uma outra ordem, outro modo de construção, funcionamento e finalidades.

Da mesma forma não estamos descrevendo aqui a noção popular que se tem da Identificação, qual seja, aquela que afirma que uma pessoa diferente da outra pode ir progressivamente absorvendo traços e características desta e ir gradativamente com ela se identificando, como se fosse a criação de uma identidade copiada de um outro, que, portanto, levaria um a ficar assemelhado com o outro.

Não. Não é disso que estou a descrever aqui, e muito menos o faria de uma forma tão alegórica e simplória.

Da mesma forma, e por último, faço aqui uma outra ressalva, qual seja, aquela que se refere às diferentes concepções que tiveram Freud e Lacan, quando tratavam de explicar o processo de Identificação que se processava entre os sujeitos humanos. Ambos construíram concepções diferentes para explicar o mesmo processo de Identificação. Agora, sobre estas distintas concepções sobre a identificação, sim, poderiam descrevê-las e explicá-las aqui para vocês.

Dito isso, o que é a Identificação do ponto de vista do Sujeito, ou seja, do ponto de vista do saber da Psiquiatria de base psicanalítica?

Freud e Lacan explicam, cada um ao seu modo, o processo de Identificação, partindo da tese de que quais seriam de fato e precisamente, os problemas teóricos de que temos em questão para os quais o conceito de Identificação constitui a solução mais apropriada.

Perceberam a diferença? Temos um problema, qual seja, a identificação dos sujeitos, e temos que construir uma concepção que seja mais apropriada para solucioná-lo.

Então, vamos lá, meus caros, leitores.

E quais são as questões que confrontaram Freud e Lacan no campo que se denominou de Identificação. Sempre que o que está em questão é o "ser humano", a Psiquiatria de base psicanalítica tem algo a dizer. E aqui, eu acredito que o problema consistiria no desafio de que os dois criassem um conceito que pudesse dar conta de explicar a Identificação entre os Sujeitos Humanos.

É bom lembrar que, inicialmente, o desafio apareceu para Freud em seus estudos, em 1914, e culminou com a solução, em 1923, com a obra "O Eu e o Isso".

Para Lacan, a questão foi colocada a partir dos estudos de Freud sobre a formação do Eu, em 1930, quando Freud ainda era vivo e morava e clinicava em Viena. Embora ao que se sabe, nunca se falaram pessoalmente. Lacan, em seu início de carreira como médico, dedicava mais à psiquiatria, atendendo enfermos no Hospital Saint Anne, em Paris.

A sua entrada para a Psiquiatria de base psicanalítica foi tardia, quando ele contava com cerca de cinquenta anos, Freud já estava morto.

Mas, no período de 1930, quando estudava o fenômeno da Identificação, Freud havia exilado de Viena para Londres, perseguido que foi conjuntamente com toda a sua família pelo grupo do Eixo (Alemanha, Itália e Japão) da Segunda Guerra Mundial, esta que foi deflagrada, 01 de setembro de 1939. Freud morreu em Londres, em 23 de setembro de 1939.

Segundo Freud, a Identificação não consiste como se poderia pensar, em unir dois indivíduos distintos, transformando um deles no outro. Para ele, a Identificação se produz no psiquismo de uma só e mesma pessoa. O processo de Identificação concebido por Freud é um processo que se desenvolve no próprio aparelho psíquico inconsciente, fora de nosso espaço externo, por isso imperceptível às nossas percepções.

É claro que num processo de análise podemos reconhecer as manifestações clínicas indiretas da Identificação. Na busca de compreender o processo de transferência segundo Freud, temos que estar no espaço psíquico do campo do inconsciente, onde o Eu e o Objeto entram numa relação de Identificação. Em resumo, temos que dar nome ao processo inconsciente que precisamente o Eu (Ego) realiza para se transformar num aspecto do Objeto.

Aqui o Eu e o Objeto, entram numa relação de Identificação, quando aqui os consideramos apenas em sua condição de instâncias do inconsciente.

Como as entidades inconscientes, o Eu e o Objeto, que desenvolvem a Identificação, tiveram que ser explicitadas por Freud?

Freud propõe o nome de identificação para qualificar a relação entre duas instâncias inconscientes já determinadas, o eu e o objeto.

Lacan, ao contrário, reserva o nome ou termo Identificação para designar o nascimento de uma nova instância psíquica, qual seja, a produção de um novo Sujeito. Identificação como ato de criação do novo.

Assim, com Lacan há uma subversão total do conceito de Identificação. Ele não ratifica o conceito de que dois termos já constituídos, possam um se transforma no outro (A transformar em B). O que Lacan propõe como conceito do termo Identificação é o surgimento de um termo novo. Para Lacan não se trata do fato de A se transformar em B, mas, de B fazer nascer um outro sujeito A. Isto quer dizer que ele está claramente propondo uma causação a partir do objeto.

O objeto passa a ser a causa do Eu, ou seja, a coisa com que o Eu se identifica é a coisa que dá causa ao Eu. Surge, então, a resolução do problema fundamental, dar nome ao processo psíquico de causação do Eu (Ego), ou se quiserem, dar o nome de Identificação ao processo de constituição do Sujeito do inconsciente.

Assim, fica mais claramente colocado o problema e mais claramente a solução para o problema, que se resumem no seguinte: Como se constitui o Sujeito do inconsciente, esse que carrega consigo a sua própria causação, chamada Identificação.

Compreenderam, caro leitor, que o problema nuclear é o de como o Sujeito Humano é constituído no campo do Outro, da fala e da imagem.

A questão de base é esta: por quais processos um "novo sujeito" é constituído. Um deles é a Identificação com a imagem do outro. A partir daí, Lacan concebeu a sua teoria sobre o "Estádio do Espelho", para explicar a definição da identidade do sujeito.

> *"Esses fenômenos que vão de a identificação especular à sugestão de mimetismo e à sedução da boa forma do corpo, inscrevem-se numa ambivalência primordial que nos aparece em espelho, no sentido de que o outro sujeito se identifica em seu sentimento de Si com a imagem do outro, e de que a imagem do outro vem cativar nele esse sentimento."*[97]

É que na identificação imaginária o Eu se aliena na imagem do outro (objeto como o agente e causa).

> *"É que esses objetos parciais com garantia significantes (seio, falo) o sujeito os ganha ou os perde...*
> *Mas sobretudo o sujeito é esses objetos, conforme o lugar onde eles funcionam em sua fantasia fundamental e a Identificação não faz senão mostrar a patologia da vertente por onde o sujeito é empurrado."*[98]

97 Lacan, 1966. Proposição sobre a causalidade psíquica. Escritos. Citado J-D. Nasio. Lições sobre 7 conceitos cruciais da psicanálise

98 Lacan, 1966. A direção da cura. Escritos. Citado J-D. Nasio. Lições sobre 7 conceitos cruciais da psicanálise

Construção simbólica

Construção simbólica

É por meio de suas relações com o mundo e com o Outro é que o sujeito se constitui.

O primeiro outro é o que representa a função materna. Ao nascer, o filhote humano ainda não possui atividade psíquica a ponto de comunicar. Ele se satisfaz por via direta sem mediação psíquica de sua parte, satisfazendo-se organicamente do que não pediu nem sabe o que está recebendo. Mas, não se pode ignorar o desejo da mãe que investe seu filho de libido nas primeiras experiências de satisfação.

> *"A criança não tem relação simplesmente com um objeto que a satisfaz ou não a satisfaz, mas, graças ao mínimo de espessura de irrealidade dado pela primeira simbolização, já existe um referenciamento triangular da criança, uma relação não*

> *com aquilo que traz satisfação para sua necessidade, mas uma relação com o desejo do sujeito materno que ela tem diante de si. A criança só é capaz de conseguir situar sua posição na medida em que a dimensão do símbolo já foi inaugurada."* [99]

O sujeito humano é uma construção que não se trata de seguir um desenvolvimento biológico preexistente, como se fosse um ato cumprindo os ditamos da natureza. Não, trata-se de uma construção em que cada movimento mais à direita o mais à esquerda, cada coisa que se deixou de atender ou que se atendeu em excesso, tudo isso é responsável por todos os detalhes do sujeito que advir. Complexo, não?

É um permanente processo de construção não havendo nenhuma base ou plataforma para se agregar módulos, elementos como se houvesse um "script" ou "um guião para ser seguido.

O que temos é o desejo como efeito da inscrição simbólica no humano e o que se liga à função materna.

> *"Tudo o que até aqui tem sido dito nos leva a concluir que, para Lacan, não existe um sujeito pronto, já aí, em estado de latência à espera de uma ocasião propícia para desenvolver-se, como que dando lugar a uma evolução natural, prescrita, de acordo com um curso prefigurado. Aliás, basta ler atentamente o texto lacaniano para notar que o 'sujeito' em questão não é uma realidade material concreta, mas um curso. Um desenvolvimento dialético. Um desdobramento da verdade. Um efeito do progresso da cura. Nada mais. Nada menos."* [100]

99 Lacan, Inconsciente. 1958.
100 Godino Cabas, 2009.

O desejo como Lacan o concebe e o formula em relação à necessidade e à demanda, somente adquire sentido quando tomado a partir das concepção das primeiras experiências de satisfação por Freud.

Como seriam, então, os processos psíquicos do filhote humano nas primeiras experiências de satisfação, considerando que a pulsão só pode ser conhecida pelo sujeito (e ao que parece o filhote humano ainda não é sujeito) na medida em que ele se o realiza por meio do trabalho psíquico de representação (pensamento, imagem, fala, interpretação). Ora, ao que tudo indica a pulsão não pode mesmo ser reconhecida pelo filhote humano, a tomar como exemplo, a satisfação alimentar que ocasiona grande tensão e excitação da pulsão. Mas, a resposta não pode, então, ser mediada por nenhuma forma de representação psíquica já que essa ainda não existe. O filhote humano (com menos de três meses de idade) se encontra numa situação que só pode ser satisfeito por um objeto que lhe é fornecido da função materna por meio de um registro que para ele é puramente da dimensão do orgânico, como se satisfazem por conta próprias as existências da natureza, os animais. Não encontramos nesta fase nenhum registro de atividade eletroencefalográfica que não seja aquela compatível com o estado de um sono impregnadas de artefatos derivados das agitações mecânicas. Não há atividade muito menos do ponto de vista cortical. Não é certo que possa haver alguma forma de representação que seja determinada por efeitos pulsionais reconhecidos.

Nestas condições os processos pulsionais nas primeiras experiências de satisfação são propriamente ditos, de pura necessidade. Não há mediação pulsional relacionada à satisfação. Não há o menor resquício que assegure por mínima que fosse de qualquer construção do sujeito. Tudo se resume em Isso mesmo. A satisfação só pode estar ligada à redução puramente mecânica da tensão que é gerada originariamente pela pulsão de que o filhote (criança) está investido.

Assim que, a primeira experiência de satisfação conseguir deixar um traço de memória secundária à percepção e ou imagem do objeto que proporcionou a satisfação, as coisas começam a mudar de configuração. O traço de memória já responde por um trabalho de representação do funcionamento pulsional.

Quando o estado de tensão pulsional reaparecer, o traço de memória será reativado. Após esse fenômeno, a primeira experiência de satisfação passa a ser mediada pela ação pulsional e a manifestação pulsional não pode ser mais considerada como resposta de uma pura necessidade. À medida em que estas operações se repetem, a própria excitação pulsional já passa a ser identificada pela criança.

Num primeiro tempo, a criança pode até ficar confusa em ter que discernir a evocação da memória da satisfação passada com a percepção do acontecimento presente. A confusão, portanto, se dá entre o objeto representado e o objeto real suscetível de proporcionar uma satisfação presente. Acontece inclusive quando o nível de investimento da pulsão for muito elevado, A imagem de memória do objeto provoca o mesmo índice de realidade que uma percepção real (alucinação).

A criança tende a satisfazer, num primeiro tempo, sob a forma de satisfação alucinatória. Somente num segundo tempo que a imagem de memória de satisfação será distinguida como satisfação real.

A criança (agora não mais um filhote) passa a utilizar-se dessa imagem de memória para orientar sua seleção e busca em direção ao objeto real de satisfação, sempre que ele se encontre em conformidade com a imagem de memória do objeto.

> *"É importante ressaltar que a imagem de memória do objeto de satisfação constituir-se-á como modelo do que será buscado na realidade para satisfazer a pulsão (que doravante sempre será uma satisfação do tipo parcial). Ainda mais, vale dizer que é neste preciso sentido que se pode conceber a formação do desejo."* [101]

Por este pequeno número de explicações, pode-se ter uma ideia de como um recém-nascido humano, que não é muito mais que um filhote de gente (criança) passa por um processo de construção distinguindo-se do plano biológico da natureza.

Este é o caminho que leva à constituição de um "ser humano", que não é algo dado como pronto e acabado ao nascer, muito diferentemente do que acontece com os animais que são existências da natureza e, não, seres.

Ou seja, os animais, diferentemente dos seres humanos, reagem graças aos seus reflexos cujos estímulos vem em sua grande maioria do exterior e que servem para a defesa, copulação, reprodução e sobrevivência. Possui instintos que são uma forma de inteligência inata, às vezes, muito sofisticada e dotada de uma rede neural que enviam ou recebem impulsos para controlar órgãos e glândulas, algumas das quais secretam hormônios que, por intermédio do sangue, e que também tanto pode comunicar uma parte do corpo com outra quanto exercer controle de outros órgãos ou funções em locais distantes de onde foram produzidos (eixo neuroendócrino dos reflexos e instintos).

Os seres humanos, ao contrário possuem, além de reflexos instintos, e regulação neuroendócrina, têm algo mais representado por pensamentos conscientes, pré-conscientes e inconscientes

101 Joel Dör, 2008. Inconsciente estruturado como linguagem.

e linguagem que usam para comunicar por meio de palavras ditas em suas falas. Por possuírem um funcionamento pulsional bastante complexo, é capaz de criar, planejar, antever, desejar, formar imagens, utilizar signos para presentificar a ausência, podendo, portanto, trabalhar com a virtualidade do objeto.

Nem todo saber sobre o ser humano é sabido ou está disponível, e o saber inconsciente é diretamente inacessível a todos nós, o que o permite produzir ditos e atos de forma imprevisível, involuntária e inopinada de modo a surpreender a todos, inclusive a si próprio. Importante também saber que tudo que vem do inconsciente (pensamentos, desejos, demandas, ditos e atos) deixa de ser ou ter: a verdade, o sentido, a intencionalidade e a determinação.

Neste capítulo, caro leitor, tratamos apenas de mostrar como se dá o início da construção do sujeito humano, iniciando-se do ponto em que ele ainda não é um "ser humano", na acepção completa da palavra.

Aos poucos, vamos sabendo um pouco mais do que somos, pois, muitos saberes sobre o ser humano ainda não nos foram revelados. Nem tudo é conhecido, nem tudo foi transmitido e apreendido. Apesar dos avanços epistemológicos, as falhas de saber sobre "ser humano" continuam existindo.

Estranhamento

Estranhamento

Tanto na fala quanto na escrita, seja na língua materna ou não, é fato que de alguma forma acontece surgir, de repente, em cada um de nós estranhos pensamentos e expressões de um outro. O que é esse estrangeiro que nos invade de forma inopinada, não sem efeito e qual seria o seu lugar e função no sujeito humano.

"Das unheimliche" (estranhamento) é um texto de Freud que não é um desses da "ordem do dia" nas rodas de psiquiatria de base psicanalítica. O seu lugar na psiquiatria de base psicanalítica costuma ser difuso, talvez beirando os conceitos de experiências de fronteiras e de limites.

"Das unheimliche" em Freud nos remete a acepções de estranho, desconhecido, suspeito, misterioso, enigmático, esquisito, inusitado, excêntrico, insólito, oculto.

Poderíamos situar o estranho como sendo algo decorrente do efeito da ambiguidade da língua que faz de um conceito e o seu oposto uma coisa só? Uma espécie de ocupação pelo enigmático do lugar da falha do familiar?

Caro leitor, a estranheza de que estou falando é a mesma dessa esquisitice de que você é tomado, quando adentra na leitura das concepções da psiquiatria de base psicanalítica, sentimento que já levou muita gente a rotular Freud e seus companheiros como um grupo de malucos, sem créditos, sem base, sem sentido, falando de coisas de que eles nunca ouviram nem pensaram, posto que a ordem cartesiana, científica, que de fato são hegemônicas, elas não perdem o menor tempo com os saberes ou as falhas de saberes sobre o que vem a "ser humano".

Essa figura de "um exótico espantalho de gente" de que tantos fazem uso e abuso com a intencionalidade de estigmatizar os estudantes, profissionais e membros das sociedades analíticas em todo o mundo, e que nós sabemos muito bem de onde elas vêm, é da metáfora do pobre que conseguiu entrar e participar da reunião marcada pelos membros da mais alta corte da ciência, para declinar de um caso sem solução, já que o mesmo estava sendo demonstrado fora do seu campo de aplicação.

Foi quando o pobre estranho conseguiu a tão almejada solução, demonstrando as verdades nos devidos campos em que elas são de fato aplicáveis. (Kurt Göedel). Freud, em seu trabalho "Das unheimliche" (estranhamento) conseguiu de fato estabelecer uma concepção para a estranheza relacionando-a com o recalque.

Ele demonstrou que para se evocar o sentimento estranho, o conteúdo recalcado tem que romper a barreira da força do processo inconsciente de recalcamento que o mantinha na condição de secreto, oculto, desconhecido, vetado, etc. e permitir que o mesmo seja liberado para instâncias fora do inconsciente e se manifestem, mesmo não se revelando "in natura" à consciência humana.

Freud também estabeleceu concepções para os estranhos sentimentos relacionando-os, à repetição, ao retorno do recalcado, a separação entre as realidades psíquica e fática.

> *"A explicação do estranho remonta a um período primitivo do sujeito em que o ego não conseguia se distinguir das outras pessoas. Porém, ao passar a saber delas, faz com que se tornem os responsáveis pela impressão de estranheza, embora, na prática, não seja mesmo muito fácil isolar ou determinar precisamente a sua participação em relação à estranheza."*[102]

A sensação de estranheza coincide com a sua formação, não sendo possível experimentá-la sem que ela esteja ocorrendo ou tenha ocorrido. O estranho ocorre em nossa vida privada tomando como base o oculto e o recalcado.

O estranhamento não tem um curso contínuo, ele coincide com o que lhe dá causa. A incidência, duração e repetição tem a ver com a dinâmica do que lhe dá causa e o efeito sujeito, ao modo do retorno do recalcado.

Muitos atos humanos tidos como estranhos e pelo seu caráter de não terem nenhuma utilidade imediata ou aplicação que pudesse movimentar interesses de produção e geração de lucro, foram abandonados, desprezados, como simples restos de manifestações humanas.

Foram esses restos que viriam mais tarde constituírem-se no essencial da construção do saber sobre humano, na descoberta do Inconsciente humano e de métodos para acessar os seus segredos, mistérios, absurdos, e seus pensamentos e estranhos atos.

102 Freud, 1919.

Se não existisse na estrutura e no funcionamento do sujeito essa estranha instância chamada inconsciente, não haveria de ser nem inventada nem descoberta a Psiquiatria de base psicanalítica. Então, a psiquiatria de base psicanalítica é o resultado desse mundo de pensamentos, dizeres, ações e efeitos todos desconhecidos, obscuros, enigmáticos, insólitos e estranhos.

Não se pode ter uma compreensão da psiquiatria de base psicanalítica senão por meio do que ela é estruturada para funcionar com seus absurdos, atípicos, esquisitos, estranhos e bizarrices.. Isso por mais que estamos muito distantes de saber sobre o "ser" dito humano, dito falante se não trabalhar com novas lógicas, com novas racionalidades, com novas compreensões, com novas concepções, com novos paradigmas, pois o modelo científico humano nos leva a uma concepção que na prática não pertence a esse "ser" estranho de verdade, que uma vez comparado com aquilo que inventamos e que gostaríamos que ele fosse, não constitui outra coisa senão um grande fiasco.

A ciência concebeu o ser humano de uma forma que não existe e que não funciona, por isso, ela tem no "ser" humano a maior decepção, frustração, pois ele nunca foi nem será o que ela gostaria que ele fosse.

Agora, o que fazer, redescobrimos o "ser humano" a adotamos a conduta de trabalhar com a humanidade do jeito que ele é, ou vamos continuar eternamente enganados acerca do que ele não é, não pode responder, nem pode ser.

Ou passemos a conhecer de fato o ser humano, sem ter que abrir mão das garantias que ele dá para atender com muitas perdas de lucro a lógica do capital, ou vamos continuar remendando os resultados e efeitos que ele nos proporcionará para sempre, por não ser o que teimosamente acreditamos que ele seja.

Meus caros leitores, nós todos ainda conhecemos muito pouco sobre os seres humanos, e a forma como o temos concebido e insistimos continuar operando com essa concepção, dada a condição social, política, educacional, de segurança, de ecologia, de vida do planeta não tem muito futuro.

Por isso, temos que nos unir com vínculos de qualidade, por meio dos recursos do diálogo e do amor, senão não haverá futuro, em um tempo não muito longo.

Não fazer nada, enquanto ainda pode haver tempo, este seria o maior estranhamento que se possa sequer imaginar.

Assistir ao “ser humano” destruir o mundo? O nosso único lugar?

A morte

A morte

O Inconsciente humano não trabalha com o conceito de tempo. Passado, presente e futuro são concepções que implicam o tempo que o inconsciente não utiliza. O inconsciente é em absoluto atemporal.

Todos os acontecimentos que são engendrados nessa instância pulsional não se regulam por meio da cronologia. É como se todos eles tivessem origem num tempo comum, sempre, o agora.

Isso não quer dizer que não possa haver no inconsciente pulsões destrutivas, pulsões de morte, que se regulam ao seu próprio modo. Freud considerava a morte como "o objetivo de toda a vida", algo de que todos nós devemos ser conscientes. Afinal de contas, dizia Freud "todo mundo deve à natureza uma morte". Nós reagimos de várias maneiras à morte, em várias situações, e nossas atitudes ou reações podem ter resultados diferentes.

Mesmo que a morte seja algo natural, nós tentamos lidar com ela de várias maneiras, e reagimos a ela de forma diferente um do outro. Nossas diferentes atitudes perante a morte podem contribuir para a existência de vários comportamentos, para a criação de crenças tais como aquelas em que há vida após a morte. Claro, é o nosso inconsciente que é a causa da maioria das nossas crenças, de nossos atos de fé, de comportamentos e de sentimentos em relação à morte.

Para Freud, a morte é uma mudança, uma tendência ao retorno do sem vida, inanimado.

Ele afirma que "Seria uma contradição em relação à natureza conservadora das pulsões se o objetivo da vida fosse atingir um estado de coisas que nunca tinha ainda sido antes alcançado.[103]" Não haverá nenhuma inovação no morrer.

A Segunda Guerra Mundial, no período de 1939/1945, alterou profundamente a política e os modos das pessoas de ser e estar comprometidas com a morte.

O pós-guerra, então, teve efeitos mais significativos ainda, nos mais variados campos do conhecimento, saber e da cultura. Na psiquiatria, observou-se deslocamento do tratamento para a medicalização irrestrita, fazendo surgir a em curto espaço de tempo um novo arsenal de drogas psicoativas como: ansiolíticos, hipnóticos, neurolépticos, analgésicos e antidepressivos.

A crença na bondade do ser humano e na própria nobreza da humanidade foi radicalmente afetada pelos horrores que foram vistos nos holocaustos. Uma quantidade absurda de pessoas foi sacrificada e morta de forma covarde, cruel e inumana, como jamais

---

103 Freud, 1915.

sequer se imaginou coisa assim em toda a história da vida humana na face da terra.

Acontece que esse ódio declarado à humanidade do homem só serviu para aumentar o descrédito no ser humano e, por consequência, à sua própria vida foi-se e continua ainda a ser banalizada, o que se constata quando se observa a desqualificação do valor dos laços afetivos e sociais bem como a ruptura dos vínculos entre os humanos.

Mas, o pai da psiquiatria de base psicanalítica teve uma morte muito sofrida e arrastada, motivada por um câncer na boca, palato e garganta que o levou a passar por nada menos que trinta e uma cirurgias, algumas das quais para correção da prótese do palato que se movimentava, irritava-o e dificultava que os outros de sua convivência pudesse compreender bem a sua fala, quer tenha sido em alemão ou mesmo inglês, país que com carinho e dignidade o acolheu no exílio, em Londres.

Esta é uma rara entrevista encontrada na biblioteca da Sociedade Sigmund Freud, foi concedida ao jornalista americano George Sylvester Viereck, em 1926.

Deve ter sido publicada na imprensa americana da época. Acreditava-se até que ela estivesse perdida, quando o Boletim da Sigmund Freud Houser publicou sua versão condensada, em 1976.

Nesta entrevista dada em, 1926, em Viena, Freud estava com 70 anos, já com sua saúde abalada em função de um câncer no palato.

Sigmund Freud, foi médico, criador da psiquiatria de base psicanalítica. Nasceu em,1856, de uma família judaica, em Freiburg, na época pertencente ao Império Austríaco. Hoje, Pribor pertencente à República Checa. Faleceu aos 83 anos de idade, em 1939, em Hampstead, próximo de Londres, Reino Unido. Fez sua formação médica na Universidade de Viena (1881)

Na entrevista ele falou de sua vida e obra, sua doença e sua relação com a questão da morte, que aconteceria 13 anos depois da entrevista.

> *Setenta anos ensinaram-me a aceitar a vida com serena humildade"(Freud).*
>
> *Eu havia visto o pai da psiquiatria de base psicanalítica, pela última vez, em sua casa modesta na capital austríaca, relatara o entrevistador. Os poucos anos entre minha última visita e a atual multiplicaram as rugas na sua fronte. Intensificaram a sua palidez de sábio. A sua face estava tensa, como se sentisse dor.*
>
> *Sua mente estava alerta, seu espírito firme, sua cortesia impecável como sempre, mas um ligeiro impedimento da fala me perturbou. Já não era possível ser entendido sem dificuldade.*
>
> *Por causa de um tumor ósseo maligno no maxilar superior ele necessitou ser operado trinta e uma vezes ao todo. Desde então Freud usava uma prótese, para ele uma causa de constante irritação.*
>
> *Detesto o meu maxilar mecânico, porque a luta com o aparelho me consome tanta energia preciosa. Mas prefiro ele a maxilar nenhum. Ainda prefiro a existência à extinção.*
>
> *Talvez os deuses sejam gentis conosco, tornando a vida mais desagradável à medida que envelhecemos. Por fim, a morte nos parece menos intolerável do que os fardos que carregamos.*
>
> *O senhor teve a fama, sua obra influi na literatura de cada país. Hoje, a humanidade olha a vida e a si mesmo com outros olhos, por causa do senhor. E recentemente, no seu septuagésimo aniversário, o mundo se uniu para homenageá-lo, com exceção da sua própria Universidade.*
>
> *Se a Universidade de Viena, onde fiz minha formação, me demonstrasse reconhecimento, eu ficaria embaraçado. Não há*

razão em aceitar a mim e a minha obra porque tenho setenta anos. Eu não atribuo importância insensata aos decimais. A fama chega apenas quando morremos, e francamente, o que vem depois não me interessa. Não aspiro à glória póstuma. Minha modéstia não é virtude

Freud se recusa a admitir que o destino lhe reserva algo especial. Por quê? Disse calmamente...

Deveria eu esperar um tratamento especial? A velhice, com suas agruras chega para todos. Eu não me rebelo contra a ordem universal. Afinal, mais de setenta anos. Tive o bastante para comer. Apreciei muitas coisas, a companhia de minha mulher, meus filhos, o pôr do sol. Observei as plantas crescerem na primavera. De vez em quando tive uma mão amiga para apertar. Vez ou outra encontrei um ser humano que quase me compreendeu. Que mais posso querer?

Não significa nada o fato de que o seu nome vai viver?

Absolutamente nada, mesmo que ele viva, o que não é certo. Estou bem mais preocupado com o destino de meus filhos. Espero que suas vidas não venham a ser difíceis. Não posso ajudá-los muito. A guerra praticamente liquidou com as minhas posses, o que havia poupado durante a vida. Mas posso me dar por satisfeito. O trabalho é a minha fortuna.

Estávamos subindo e descendo uma pequena trilha no jardim da casa. Freud acariciou ternamente um arbusto que florescia.

Estou muito mais interessado é neste botão do que no que possa me acontecer depois que eu estiver morto.

Então o senhor é, afinal, um profundo pessimista?

Não, não sou. Não permito que nenhuma reflexão filosófica estrague a minha fruição das coisas simples da vida.

O senhor acredita na persistência da personalidade, após a morte, ou de alguma outra forma que seja?

Não penso nisso. Tudo o que vive perece. Por que deveria o homem constituir uma exceção?

Gostaria de retornar à vida em alguma forma, de ser resgatado do pó? O senhor não tem, em outras palavras, desejo de imortalidade?

Sinceramente não. Se a gente reconhece os motivos egoístas por trás da conduta humana, não tenho o mínimo desejo de voltar a vida, movendo-se num círculo, seria ainda ela vida. Além disso, mesmo se o eterno retorno das coisas, para usar a expressão de Nietzsche, nos dotasse novamente do nosso invólucro carnal, para que ele serviria, sem a memória? Não haveria nenhum elo entre o passado e o futuro.

Pelo que me toca estou perfeitamente satisfeito em saber que o eterno aborrecimento de viver finalmente passará. Nossa vida é necessariamente uma série de compromissos, uma luta interminável entre o ego e seu ambiente. O desejo de prolongar a vida excessivamente me parece absurdo.

Bernard Shaw sustenta que vivemos muito pouco, disse eu. Ele acha que o homem pode prolongar a vida se assim desejar, levando sua vontade a atuar sobre as forças da evolução. Ele crê que a humanidade pode reaver a longevidade dos patriarcas.

É possível, respondeu Freud, que a morte em si não seja uma necessidade biológica. Talvez morramos porque desejamos morrer. Assim como amor e ódio por uma pessoa habitam em nosso peito ao mesmo tempo, assim também toda a vida conjuga o desejo de manter-se e o desejo da própria destruição. Do mesmo modo com um pequeno elástico esticado tende a assumir a forma original, assim também toda a matéria viva, conscientemente ou inconscientemente, busca readquirir a completa, a absoluta inércia da existência inorgânica. O impulso de vida e o impulso de morte habitam lado a lado dentro de nós. A Morte é a companheira do Amor. Juntos eles regem o mundo. Isto é o que diz o meu livro: Além do Princípio do Prazer. No começo, a psicanálise supôs que o Amor tinha toda a importância. Agora sabemos que a Morte é igualmente importante. Biologicamente, todo ser vivo, não importa quão intensamente a vida queime dentro dele, anseia pelo Nirvana, pela cessação da "febre chamada viver", anseia pelo seio de Abraão. O desejo pode ser encoberto por digressões. Não obstante, o objetivo derradeiro da vida é a sua própria extinção. A humanidade não escolhe o suicídio porque a lei do seu ser desaprova a via direta para o seu fim. A vida tem que completar o seu ciclo de existência. Em todo ser normal, a pulsão de vida é forte o bastante para contrabalançar a pulsão de morte, embora no final essa resulte mais forte. Podemos entreter a fantasia de que a Morte nos vem por nossa própria vontade. Seria mais possível que pudéssemos vencer a Morte, se não fosse por seu aliado dentro de nós, a pulsão de morte.

Neste sentido acrescentou Freud com um sorriso, pode ser justificado dizer que toda a morte é um suicídio disfarçado.

O Senhor já analisou a si mesmo?

Certamente. O psicanalista deve constantemente analisar a si mesmo. Analisando a nós mesmos, ficamos mais capacitados a analisar os outros. O psicanalista é como o bode expiatório dos hebreus. Os outros descarregam seus pecados sobre ele. Ele deve praticar sua arte à perfeição para desvencilhar-se do fardo jogado sobre seus ombros.

Minha impressão é de que a psicanálise desperta em todos que a praticam o espírito cristão da caridade. Nada existe na vida humana que a psicanálise não possa nos fazer compreender. Pelo contrário! Compreender tudo não é perdoar tudo. A análise nos ensina não apenas o que podemos suportar, mas também o que podemos evitar. Ela nos diz o que deve ser eliminado. A tolerância com o mal não é de maneira alguma qualquer demonstração de verdade.

Compreendi, subitamente, porque Freud havia litigado com os seguidores que o haviam abandonado, porque ele não perdoaria a sua dissensão do caminho reto da ortodoxia psicanalítica. Seu senso do que é direito é herança dos seus ancestrais. Una herança de que ele se orgulha como se orgulha de sua raça.

A minha língua, ele me explicou, é o alemão. A minha cultura, minha realização é alemã. Eu me considero um intelectual alemão, até perceber o crescimento do preconceito antissemita na Alemanha e na Áustria. Desde então prefiro me considerar um Judeu.

Fiquei algo desapontado com esta observação. Parecia-me que o espírito de Freud deveria habitar nas alturas, além de qualquer preconceito de raças, que ele deveria ser imune a qualquer rancor pessoal. No entanto, precisamente a sua indignação, a sua honesta ira, tornava-o mais atraente como ser humano.

Aquiles seria intolerável, não fosse por seu calcanhar! Seu ponto fraco. [104]

Fico contente, Senhor Professor Freud, de que também o Senhor tenha seus complexos, e que também o Senhor demonstre

---

104 A expressão foi criada para designar o ponto fraco de alguém. Segundo a lenda grega, Aquiles, filho do rei Peleu e da deusa Tétis, tornou-se invulnerável quando, ao nascer, foi banhado pela mãe nas águas do rio Estige. Apenas o calcanhar por onde Tétis o segurou não foi molhado e, assim, seu calcanhar ficou sendo seu ponto fraco, vulnerável.

que é um mortal!

Nossos complexos, replicou Freud, são a fonte de nossa fraqueza; mas com frequência são também a fonte de nossa fortaleza.

Freud morreu, em 23 de setembro de 1939, em sua casa, em Mares Field Garden, Londres, onde se encontrava exilado, desde 1933, com parte de sua família, incluindo Martha Freud, a sua esposa, Anna Freud, a sua filha e psicanalista.

A morte foi induzida, a pedido do próprio Freud com a anuência de sua esposa e filha. O Dr. Max Schur, 42 anos, que aplicou, no dia 21 do mesmo mês e ano, altas doses de morfina que o levaram gradativamente à morte, o que se consumou, às três horas da manhã do dia 23, quando ele parou definitivamente de respirar.

Recomendo a leitura da belíssima obra do filósofo e professor de Psiquiatria da UFMG, Lúcio Roberto Marzagão que, em seu livro "Freud: Sua Longa Viagem Morte Adentro", publicado, em 2007, pela Editora Ophicina de Arte & Prosa. Neste livro, o autor recria a partir de fontes consistentes, o que teria sido as horas, dias e meses do ano de 1939, quando a humanidade perdeu um de seus maiores gênios, Dr. Sigmund Freud.[105]

Neste livro que escrevo, no capítulo "Vida e Morte", caro leitor, irei resumir os antecedentes mediatos e às circunstâncias da consumação da morte de um outro grande, importante e renomado psicanalista, o Dr. Jacques Lacan.

No que se refere à temática da vida e da morte, Lacan reafirmou, na Universidade Católica de Louvain, na Bélgica, que a morte pertence ao domínio do que é o comprovado: o domínio da fé.

---

105 FREUD: Sua longa viagem morte adentro. Autor: Lúcio Roberto Marzagão, 2017. Ophicina de Arte & Prosa. Belo Horizonte.

As pessoas morrem e isto é um fato do qual não há dúvida. Desde que a pessoa nasce, a sua vida entra num percurso que é dado pelo desgaste das estruturas, das funções, do corpo e das atividades psíquicas. Na medida em que as pessoas se amadurecem, elas são postas diante dos desafios de adotarem uma postura no sentido tanto da compreensão quanto da resolução dos problemas. Os efeitos que disso resultam levam os sujeitos a acumular conhecimentos conscientes, a movimentar os seus saberes inconscientemente sobre o que, estando em questão, pode possibilitar uma experiência ou uma vivência capaz de lhes conferir uma certa competência para lidar com as situações da vida cotidiana e encaminhar soluções.

Esse modo de funcionamento não deixa de ensejar tanto uma resistência em desconstruir as bases de um pensamento, de uma resolução, de uma experiência vivenciada, como também, em que pese a resistência da memória que tende a nos fixar no lugar da preservação do que construímos, não negando também a possibilidade subverter a mesmice por meio de alguma disruptiva de criação de novos sentidos.

Neste sentido, Lacan nos faz questionamentos agudos e instigantes sobre o que aqui em questão: a vida e a morte.

Para Lacan, faz muito bem às pessoas acreditarem que elas irão morrer, como de fato se observa no domínio de nossa própria comprovação prática. Saber que vai morrer, segundo Lacan, é uma crença e uma constatação que nos dá força para viver e fruir a vida. O sujeito humano não suportaria a vida eterna, o que não é de fato possível. Até porque a constatar sobre o envelhecimento das pessoas se pode avaliar o quanto de desgastes se acumulam tanto em termos de materialidade do corpo como capacidade psíquica e disposição para suportar os embates das pulsões que habitam o movimento da vida.

Para Lacan, se nós não acreditássemos que um dia iríamos morrer, não poderíamos suportar a vida que, por enquanto, a possuímos?

E se não estivéssemos solidamente apoiados na certeza de que há um fim, por acaso, poderíamos suportar essa história esse fardo que carregamos no dia-a-dia? Sem dúvida, que a vida terá um fim, pois não é nada menos do que presenciamos acontecer com todos. A morte é apenas um ato de fé, de constatação, de comprovação e de certificação de uma realidade. Em última instância ninguém está seguro de que da morte irá escapar. Ela acontecerá com todos, faz parte da evolução da vida, a temporaneidade, ou seja, a vida tem duração limitada, temporária.

Faz bem falar da morte, pois não podemos passar o tempo justificando-a a fruí-la, não dar a ela um sentido humano, pois a nossa vida, meus caros leitores, é preciosa, mas é também provisória.

As últimas horas de vida de Lacan no leito de morte não foram muito diferentes das de Freud, elas também foram cercadas de muita emoção, tristeza e desolação para todos que ali em volta dele estavam.

Quem conta, é uma sua analisanda, Catherine Millot, que nos oito últimos anos da vida de Lacan fez formação com ele, tornando-se amiga, e em seguida, tornaram-se companheiros, porque Lacan era avesso a viver solitariamente. Em 1980, Lacan se viu obrigado a dissolver a Escola Freudiana de Paris, fundada por ele em 1964. O motivo principal era que sua saúde estava muito abalada.

> *"Seguiram-se dois anos dolorosos. Foi preciso atravessar o drama da dissolução da Escola Freudiana e suportar a violência que se deflagrou e não o poupou. Eu ficava só, infeliz demais para um encontro, assistindo com uma aflição crescente ao declínio de sua saúde".* [106]

106 A Vida com Lacan, 2017. Catherine Millot. Psicanalista, Filósofa e Escritora. Editora Zahar.

Quando Lacan soube que tinha um câncer no intestino, ele se recusou a se tratar. Judith, sua filha, ao lado de seu leito no hospital, pedia-lhe docemente para explicar o motivo de sua escolha, ele respondia: "Por que essa é a minha fantasia".

> *"Disseram que ele tinha medo de cirurgias. Nunca vi Lacan ter medo do que quer que fosse. Era do seu estilo não querer prolongar seus dias. No último momento, contudo, aceitou uma intervenção cirúrgica de emergência. Eu estava fora de Paris e retornei imediatamente. Ele me recebeu, em silêncio, com um sorriso. Nas horas que se seguiram à sua operação, antes que ele entrasse em coma, não vi nele nenhum sinal de angústia."(Millot).*

Lacan, não voltou do coma, tendo falecido neste dia, 09 de setembro de 1981, com 80 anos de idade. Millot tinha 43 anos quando Lacan faleceu. Hoje ela está com 74 anos de idade.

Em maio de 2016, ela esteve na cidade de Belo Horizonte, na Faculdade de Letras da UFMG. Hoje, ela dedica-se a maior parte do tempo em sua clínica em Paris, a ministrar palestras, a participar de debates e a escrever os seus novos artigos e livros.

Psiquiatria de base psicanalítica

Psiquiatria de base psicanalítica

Este é um tema que coloco em questão neste livro! A psiquiatria de base psicanalítica pode ser considerada como uma proposta alinhada à psiquiatria psicodinâmica praticada, cada um a seu modo, por Dr. Glen Gabbard, Houston Texas, e por Dr. Christophe Dejours, Paris, em tempos anteriores ao atual.

A proposta vem sustentada pelo Teorema da Incompletude do matemático, Kurt Göedel.

Kurt Göedel, matemático e especialista em lógica humana pela Universidade de Princeton, detentor do Prêmio Albert Einstein, aluno e laureado com o prêmio que leva o nome do seu professor, é categórico ao afirmar em seu "Teorema da Incompletude": "Que uma verdade apenas só pode ser considerada como uma verdade, somente se for possível de ela ser demonstrada por completo, no próprio campo em que ela é de fato aplicável para a solução do problema." [107] O trabalho mais conhecido de Gödel é seu "Teorema da Incompletude", no qual afirma que qualquer sistema completo não poderia validar a si mesmo, seria inconsistente, assim, a ciência não pode validar todas as verdades de qualquer campo, pois isso o levaria a ser autossuficiente, ou seja, a ela caberia a verdade única de tudo, independentemente do campo em que o problema fosse aplicável.

Mas, creio que antes de saber se tem algo contra a psiquiatria de base psicanalítica? Temos, antes que responder uma pergunta: algo contra o quê, ou seja, para qual finalidade poderia se dizer que algo teria que ser contra?

A psiquiatria de base psicanalítica veio para mostrar que há uma outra concepção do ser humano e que a concepção que está em curso contém falhas de saber. Veio para mostrar a importância da palavra, da fala, do pensamento e da linguagem na vida do sujeito humano aliada à terapia farmacológica e outras. Que a abordagem e o tratamento dos problemas mentais ultrapassam as verdades e possibilidades de um campo único da ciência ou da prática psíquica. Veio para dar voz às pessoas invisíveis, discriminadas, assediadas, expropriadas, sem a crença no outro, sem vínculos sociais, abandonadas, sem moradia, sem saneamento, sem segurança e vistas elas próprias como responsáveis por todos os seus sofrimentos mentais.

Veio para dizer que a fala do homem é livre e que ele não pode estar simplesmente limitado, escravizado e refém de um outro que fale mais forte e mais alto que ele.

Ela veio para mostrar que todas as mortes violentas, acidentes, homicídios, suicídios sofrimentos possui o consciente e o inconsciente sempre implicados nelas.

---

107 Kurt Gödel,1906/1978. Matemático austríaco, naturalizou-se norte-americano. Teoria da Incompletude. Princeton – EUA.

Veio para mostrar que quando o inconsciente está implicado, nada é por acaso, nada é voluntário, tudo é intencional, tudo é determinado e tudo tem sentido.

Morrem cerca de 140 mil pessoas, por ano, no Brasil devido a causas externas violentas e temos razões que este quadro pode e deve mudar.

Ouvimos falar de atrocidades do holocausto, das barbáries do Estado Islâmico, porém, o crescimento e a falta de controle da violência em muitos países, incluindo o nosso, são também muito graves.

Neste mundo pós-contemporâneo há uma crise de insegurança, inconformismo e violência.

Aonde iremos chegar se nada for feito?

A psiquiatria de base psicanalítica pretende democratizar os conceitos e o acesso de todos os cidadãos a ela.

E isso, penso que deva ser começado pela educação, pela transmissão, pela formação de pessoas e profissionais aptos a ajudar de forma interdisciplinar no combate a estas questões.

Há espaço para psiquiatras, psicólogos, terapeutas, nutricionistas, enfermeiros, sociólogos, homens de letras e cultura.

A abordagem das doenças e dos transtornos mentais é uma questão de política pública. A Atenção à saúde mental em nosso país parece um burro empacado e nada move nesse sentido.

Se para Lacan, os psiquiatras, os psicanalistas são missionários, de que missão estamos falando e colocando em prática. Com relação aos padres e pastores no setting dos cuidados à saúde mental da população o que tenho visto, com algumas raras e honrosas exceções, são pura perfumaria.

Acompanho Freud, quando diz que se a violência é resultante da pulsão de morte, a solução no combate à violência é o seu antídoto, a pulsão de vida, que é representado pelo amor ao próximo.

Temos, então como solução a política pública com seus recursos que não são poucos e a democratização do amor nos espaços educacionais.

Ao propor uma psiquiatria de base psicanalítica, o que proponho e pratico é que os psiquiatras se apropriem da formação da prática psicanalítica para que possam melhor compreender e promover a atuação de outros autores não menos distinguidos que nós, no setting de cuidados aos portadores de transtornos mentais.

A psiquiatria de base psicanalítica tem sido colocada por mim, não para a disputa de espaços para saber quem é melhor, mas, para promover o tratamento interdisciplinar considerando a necessidade de incluir também outros profissionais não médicos em suas equipes de trabalho.

Na realidade, temos que apresentar a psiquiatria para os psicólogos como temos que apresentar a psicoterapia para os psiquiatras, pois os pacientes podem se beneficiar desta integração.

E não é sem razão que o maior evento da psiquiatria nacional que é o Congresso da ABP, tem aumentado a cada ano que passa as inscrições, as apresentações de trabalho, a produção de livros dos colegas da psicologia e de outras não menos distinguidas profissões da área psíquica, como neurocientistas, biomédicos, bioinformáticos e nutracêuticos.

Nesta edição foram utilizados os papéis Polen Soft 80 g/m² para o miolo e
o Cartão Triplex 250 g/m² para a capa. O texto principal e os títulos foram compostos em
fonte Pérpetua Regular 13/17 e os títulos em Vegur 42/47.